LES PHILOSOPHES ANCIENS

BERTRAND VERGELY

LES ESSENTIELS MILAN

Sommaire

Les mots suivis d'un astérisque (*) sont expliqués dans le glossaire.

De Platon à saint Augustin...

La pensée qui a servi de cadre mental à l'Antiquité constitue le fondement de la civilisation occidentale. Elle s'est développée entre le VIe siècle av. J.-C., lorsque sont apparus les premiers philosophes, et le Ve siècle apr. J.-C., date à laquelle saint Augustin (354-430) écrit *La Cité de Dieu.*

C'est au génie de cette pensée que nous devons la découverte de la Raison (en grec *logos*) qui, en se voulant un juste rapport à soi et au monde, a permis la naissance de la science moderne. Sans un penseur comme Parménide, la logique n'aurait pas trouvé ses fondements. Sans Platon nous ignorerions tout de l'Idée. Et sans Aristote, nous aurions sans doute manqué le principe d'une dynamique de l'Univers.

C'est également à l'audace de cette pensée que nous devons l'invention de la démocratie, dont l'idéal de respect humain inspire aujourd'hui non seulement l'Europe mais le monde. Sans la découverte de la civilisation par les Grecs, sans le travail législatif des Romains, sans la révélation chrétienne, l'Occident ne serait jamais devenu ce berceau de la liberté cherchant à rayonner à travers le monde.

Le lecteur trouvera, dans cet ouvrage qui ne saurait épuiser un aussi vaste sujet, quelques rappels fondamentaux qui lui permettront de comprendre comment est née cette extraordinaire aventure de l'esprit humain, quels ont été les moments forts de son développement et pourquoi celle-ci nous parle encore d'une voix que le temps n'a guère affaiblie.

C'est parce qu'un jour, il y a deux mille cinq cents ans de cela, des hommes ont eu l'idée que la Nature est pleine de sens, que notre culture entière s'est mise à libérer le langage caché des choses, de l'atome à la galaxie, à travers la science, l'art et l'interrogation philosophique.

Les Anciens et la naissance de la philosophie

Au VIe siècle av. J.-C., un événement capital se produit : des hommes entreprennent de penser par eux-mêmes.

Le tournant du VIe siècle av. J.-C.

Au VIe siècle av. J.-C. un événement qui va changer le cours du monde se produit: des hommes entreprennent de se diriger dans la vie en se fondant uniquement sur leur raison. Selon Karl Jaspers (1883-1969), cet événement a lieu presque simultanément partout dans le monde.
En Chine, Lao Tseu (v. 572-v. 490 av. J.-C.) développe une sagesse qui fait appel à la prise de conscience personnelle. En Inde, Bouddha (566-v. 480 av. J.-C.) enseigne qu'il faut pratiquer une transformation de soi-même et non vivre de façon extérieure. En Israël, le prophète Isaïe (746-701 av. J.-C.) rappelle que l'homme religieux doit avant tout être un homme moral luttant pour la justice.
Partout des sages invitent les hommes à une prise de conscience, car ils se rendent compte d'un fait: on peut vivre sans être présent à ce que l'on fait, sans vivre de ce fait pleinement. Si l'on veut vivre pleinement, il faut donc se réveiller en opérant un retour sur soi-même. Comment? En s'appuyant sur sa conscience.
L'homme possède le privilège d'avoir un esprit qui lui permet de diriger ses actes. Aujourd'hui, les savants appellent cette faculté la faculté de programmation. Cette faculté peut être tournée vers l'extérieur afin de maîtriser le monde. Elle peut aussi être tournée vers soi. Quand c'est le cas, un événement extraordinaire surgit. Au lieu de penser machinalement, l'homme se met à penser consciemment, c'est-à-dire à être pleinement présent à tout ce qu'il fait. Dans cet état d'éveil et de vigilance, il commence à voir le monde et à faire des découvertes. Il apprend aussi à vivre autrement. Comme il a trouvé en lui un trésor qui le rend libre, il n'a pas besoin d'aller chercher un trésor en dehors de lui-même dans la possession d'objets matériels.

« Jadis, les hommes avaient des yeux pour ne point voir, ils étaient sourds à la voix des choses, et, pareils aux formes des songes, ils agitaient au hasard la longueur de leur existence dans le désordre du monde… Ils faisaient tout sans rien connaître. Jusqu'au moment où j'inventai pour eux la science du lever et du coucher des astres, celle des nombres, reine de toute connaissance et celle des lettres, mémoire de l'univers, mère des arts. »
Eschyle, *Prométhée enchaîné.*

De la conscience au *logos*

La conscience peut changer l'homme en lui faisant découvrir les trésors qu'il y a au fond de lui. On comprend dans ces conditions que l'idéal d'une vie consciente puisse attirer les hommes. C'est ce qui se produit au VIe siècle av. J.-C. en Grèce. Des hommes comme Thalès de Milet (fin VIIe-déb. VIe s. av. J.-C.), Pythagore (v. 570-v. 480), Parménide (v. 504-v. 450 av. J.-C.) ou Héraclite d'Éphèse (v. 576-v. 480 av. J.-C.) réalisent qu'en pratiquant un retour sur soi, il est possible de faire jaillir un nouveau rapport au monde. Martin Heidegger (1889-1976) a rappellé que *logos*, qui veut dire « raison », signifie originellement « rassemblement », « recueillement ». Les Anciens connaissaient ce sens-là de la raison. Pour eux, vivre dans la raison voulait dire vivre dans l'harmonie créée par le rassemblement sur soi provoqué à la suite d'une prise de conscience de sa vie. C'est ainsi que naît la philosophie. Peu à peu cette vie selon la raison s'organise et prend le nom de philosophie (*philo-sophia*) qui veut dire « amour de la sagesse ». Si les Anciens disent que vivre selon la raison c'est aimer la sagesse, c'est que celui a découvert les bienfaits dispensés par le rassemblement sur soi ne peut qu'aimer la sagesse et tout faire afin de l'augmenter chaque jour de sa vie.

Aujourd'hui près de vingt-cinq siècles nous séparent des Anciens, pourtant leur message demeure, car, tout comme hier, l'homme moderne réalise qu'il faut faire retour à soi si l'on veut pouvoir construire une vie digne de ce nom.

Ainsi que l'a dit Héraclite, l'homme qui n'est pas éveillé vit replié dans son monde. L'homme éveillé vit au contraire ouvert au monde commun des hommes. Cette ouverture, il la doit au *logos*.

« Les Anciens »
Ce terme désigne les penseurs de l'Antiquité qui ont ouvert les voies de la sagesse. Il signifie avant tout les premiers penseurs, et non les vieux penseurs.

Logos
Le terme *logos* vient du verbe grec *legein* qui veut dire « rassembler », « unir ». Par extension, il renvoie à la raison et au langage qui lient les relations des choses entre elles en faisant apparaître leurs rapports.

Dès le VIe siècle av. J.-C., la Grèce a découvert que par le retour sur soi, l'homme s'ouvre au monde et devient présent à celui-ci.

Un peu d'histoire

La pensée antique s'est développée avec pour cadre la Méditerranée autour de deux pôles : Rome et Athènes.

La Méditerranée, berceau de la pensée

La pensée antique s'étend sur près de dix siècles, du VIe siècle av. J.-C. au Ve siècle apr. J.-C. Son cadre géographique a été celui de la Méditerranée. Née sur les rivages d'Asie Mineure (l'Ionie) avec des penseurs comme Thalès de Milet (fin VIIe-déb. VIe av. J.-C.) ou Héraclite d'Éphèse (v. 576-v. 480 av. J.-C.), elle s'est déplacée vers la Sicile en faisant naître l'école dite « d'Élée » illustrée par Parménide (v. 504-v. 450 av. J.-C.), avant de se fixer à Athènes autour de personnalités comme Protagoras (485-411 av. J.-C.), célèbre pour son habileté à discourir.
La philosophie n'est donc pas née à Athènes, elle y est arrivée. Le cadre géographique a joué un rôle important dans le développement de la pensée. La Méditerranée est belle. C'est face à cette beauté que les Anciens ont le sentiment de l'harmonie des choses et l'idée que le monde est un *cosmos*, c'est-à-dire un ordre. C'est à partir de cette intuition de l'harmonie qu'ils entreprennent d'explorer l'ordre de la nature (école d'Ionie), celui plus abstrait des idées et des nombres (école d'Élée) ou bien encore celui pouvant régner dans la cité des hommes (école d'Athènes).

« Sparte a reçu sa loi de Lycurgue rêveur, Athènes, qu'un reflet de divinité dore, De Solon, grand pasteur des hommes convaincus. »
Victor Hugo, *La Légende des siècles.*

« C'est à la valeur de ses armées que Rome a dû ses conquêtes. Mais, c'est à la sagesse de sa conduite et au caractère que lui imprima son premier législateur qu'elle dut de les conserver. »
Machiavel, *Discours sur la première décade de Tite-Live.*

Les trois axes historiques de la pensée antique

Le cadre historique de la pensée antique s'est développé autour de trois grands axes : Athènes, Rome, le christianisme. Le trait majeur qui caractérise Athènes réside dans l'invention de la démocratie. Au VIe siècle av. J.-C., après une longue histoire qui a vu apparaître puis décliner la civilisation de Mycènes, Solon (v. 640-v. 558 av. J.-C.), l'un des sept sages fondateurs d'Athènes avec Thalès, entreprend une réforme politique profonde. Il enseigne aux hommes à se diriger selon des lois discutées et décidées en commun. Cette réforme débouche sur la Constitution démocratique élaborée par Clisthène (deuxième moitié du VIe s. av. J.-C.) en –507. En rendant les hommes responsables, l'apparition de la démocratie débouche sur l'extraordinaire essor d'Athènes, qui rayonne par sa civilisation et sa vie culturelle. De 443 à 428 av. J.-C., celle-ci connaît un âge d'or avec Périclès, qui fait construire le Parthénon et réunit autour de lui artistes, poètes et penseurs.

Le trait majeur qui caractérise Rome réside dans le droit et la morale. Fondée au VIIIe siècle av. J.-C., celle-ci atteint son apogée lorsque Octave prend le nom d'Auguste et inaugure le Haut-Empire. Celui-ci voit se succéder quatre dynasties d'empereurs: les Julio-Claudiens (27 av.-63 apr. J.-C.), les Flaviens (63-96), les Antonins (96-192) et les Sévères (193-235). Durant cette période, Rome domine le monde et élabore un système juridique très perfectionné. Un empereur comme Marc Aurèle (121-180) s'inspire de la sagesse des stoïciens qui enseigne à accepter le destin voulu par les dieux en relativisant le cours des choses.

Le trait majeur enfin qui caractérise le christianisme réside dans la révélation. Les Anciens pensaient que la nature était divine. Ils n'imaginaient pas un créateur de la nature comme Dieu. Avec la venue du Christ, les choses changent. Athènes rencontre Jérusalem. Le paganisme, qui est la croyance en plusieurs dieux, est confronté au monothéisme, qui est la croyance en un dieu unique. D'abord persécutés par l'empereur Dioclétien (245-v. 313), les chrétiens sont reconnus par Constantin (v. 280-337) qui se convertit au christianisme en 312. C'est déjà la fin d'un monde. Les barbares cernent l'Empire. On ne contemple plus le *cosmos* comme Thalès. Il y a des urgences morales. Il faut sauver la civilisation. *La Cité de Dieu* de saint Augustin (354-430) va répondre à cette attente morale en incitant les hommes à ne pas perdre espoir et à œuvrer pour la cité céleste à venir.

« La Grèce a montré au monde le souffle de l'esprit dans sa joie, sa sérénité et sa plénitude. La fin poursuivie par Rome fut de mettre l'État au-dessus de l'individu en donnant naissance au droit garantissant la propriété de la personne juridique. »
Friedrich Hegel, *Philosophie de l'histoire.*

La pensée antique s'est alimentée aux sources de la beauté du monde méditerranéen ainsi qu'à ces moments forts que furent la démocratie athénienne, le droit romain et la révélation chrétienne.

Question de méthode

Comme la pensée des Anciens ne nous est parvenue qu'indirectement, une étude attentive de ses sources s'est peu à peu mise en place afin d'en vérifier l'origine.

Une prudence nécessaire

Quand on aborde les Anciens, il importe d'être prudent. Souvent, ceux-ci n'ont pas écrit. Les paroles qui leur sont attribuées sont des paroles rapportées. Comment savoir si elles n'ont pas été déformées ou réinterprétées? En outre, près de deux mille ans nous séparent d'eux. Durant cette période, le monde n'a cessé de connaître des bouleversements. Le christianisme, la Renaissance, la Révolution française et l'histoire contemporaine récente ont marqué le temps de leur empreinte. Au cours de cette histoire, chaque courant idéologique dominant a eu tendance à imposer sa vision des Anciens en leur faisant dire ce qu'ils n'avaient pas dit ou ce que l'on voulait qu'ils disent. Ainsi, le christianisme a déformé la vision des matérialistes* de l'Antiquité ainsi que celle des sophistes*. Le rationalisme*, de son côté, a peu prêté attention aux penseurs présocratiques, chez qui il a dénoncé une raison encore balbutiante, très marquée, selon lui, par une mentalité préscientifique.

« Textes et documents n'offrent pas un accès direct au sens. Celui-ci ne se lit pas en transparence comme on voit un caillou dans un ruisseau. Pour maintenir vivante la mémoire de l'humanité, il a fallu régénérer l'esprit de la lettre et réveiller le sens d'entre les morts. L'herméneutique, science de l'interprétation, est devenue l'art et la technique de la lecture. »
Georges Gusdorf, *Les Origines de l'herméneutique.*

De la mémoire des textes à la science des textes

Il a fallu le travail de penseurs comme Hegel (1770-1831), Nietzsche (1844-1900) et Heidegger (1889-1976), de philologues* au début du siècle comme Hermann Diels et Walter Kranz ou encore d'historiens de la pensée comme Werner Jaeger, pour retrouver l'inspiration des Anciens. Aujourd'hui, nous disposons pour les comprendre des textes des auteurs dont nous sommes sûrs qu'ils sont d'eux. C'est le cas par exemple pour Platon (428-348 av. J.-C.), Aristote (384-322 av. J.-C.) ou Plotin (v. 205-v. 270). Nous possédons également des citations de certain penseurs faites par d'autres penseurs. Par recoupements, il est possible d'établir ce qu'a pu être la pensée originale de ces auteurs. C'est le cas notamment pour Parménide (v. 504-v. 450 av. J.-C.) et Héraclite d'Éphèse (v. 576-v. 480 av. J.-C.) dont les pensées nous sont parvenues grâce aux citations qu'ont pu en faire Platon ou Aristote. Enfin, nous disposons d'histoires de la pensée antique faites par les penseurs anciens eux-mêmes. Le célèbre ouvrage de Diogène Laërce (IIIe siècle av. J.-C.) *Vies, Doctrines et Sentences des philosophes illustres*, ainsi que les *Hypotyposes pyrrhoniennes* de Sextus Empiricus (IIe-IIIe siècle av. J.-C.), sont des outils incomparables que les Anciens nous ont légués pour pouvoir accéder à leur pensée.

La philologie
C'est la science des mots, de leur origine, de leur traduction et de leur sens. Traduire, c'est passer d'une langue à une autre. Un tel geste peut ouvrir, faire communiquer. Il peut aussi trahir et fermer le sens. D'où la responsabilité du traducteur soulignée par l'adage *Traduttore, tradittore.* Littéralement : « traduire, c'est trahir » !

La modernité : une chance pour la tradition !

Il existe aujourd'hui une approche très rigoureuse et scientifique des textes anciens faite par des spécialistes de l'histoire des manuscrits et de la langue. Cela permet d'éviter bien des erreurs et de produire des traductions de plus en plus fiables. La vigilance s'impose cependant. Nous sommes constamment à la merci du danger consistant à prendre notre vision des Anciens pour celle qui fut la leur. Est-ce à dire que nous ne pourrons jamais combler l'écart qui nous sépare d'eux ? Nullement. La distance qui nous sépare de leur époque est aussi ce qui nous permet de les comprendre mieux parfois qu'ils ne se sont compris eux-mêmes. C'est là le paradoxe. Pourquoi ? Parce que l'on se rend compte souvent après coup des effets d'une pensée. Par ses outils critiques donc, ainsi que par sa distance avec l'Antiquité, on peut dire que le monde moderne occupe une position idéale pour connaître les Anciens. Peut-être est-ce d'ailleurs aujourd'hui que leur pensée va se mettre véritablement à s'épanouir.

Pour retrouver la pensée des Anciens, une science de l'interprétation utilisant textes originaux, citations et histoire s'est peu à peu mise en place au cours des siècles.

Le monde du mythe

Avant que la philosophie n'apparaisse existait le mythe, qui proposait une sagesse en termes voilés.

Qu'est-ce qu'un mythe ?

La philosophie n'est pas née de rien. Avant elle, existait le monde du mythe. Elle en est issue. Qu'est-ce qu'un mythe? Un mythe, nous dit Mircea Eliade (1907-1986), le grand historien des religions, est un récit qui nous raconte comment les choses se sont passées à l'origine. Avec des mots humains, le mythe nous décrit ce qui s'est passé avant que l'homme soit là.

Le mythe est tourné vers ce qui dépasse l'homme. C'est la raison pour laquelle il s'exprime par des images et des symboles. Car seuls ces derniers permettent d'avoir accès à ce monde, en nous donnant des comparaisons que nous puissions comprendre.

« Moi, le temple, je suis le législateur d'Éphèse. Le peuple en me voyant comprend l'ordre et s'apaise. Mes degrés sont les mots d'un code. Mon fronton pense comme Thalès, parle comme Platon. Mon austère équilibre enseigne la justice. Je suis la vérité bâtie en marbre blanc. »
Victor Hugo, *La Légende des siècles.*

« La naissance de la philosophie est apparue avec la naissance d'une pensée positive excluant toute forme de surnaturel et rejetant l'assimilation établie par le mythe entre phénomènes physiques et agents divins. »
Jean-Pierre Vernant, *Mythe et pensée chez les Grecs.*

Les Grecs face au mythe

Les Grecs ont cru en une force divine organisant le monde. Ils ont décrit les manifestations de cette force à travers la mythologie en racontant l'histoire des dieux. Si l'on ne perd pas de vue qu'un dieu est une manifestation de la force divine organisant toute chose, dire qu'il y a des dieux voulait dire pour les Anciens que cette force est présente partout, dans la terre, dans la mer, dans le feu ainsi que dans toutes les activités humaines. À des visiteurs qui venaient le voir et qui s'étonnaient de le trouver dans

sa cuisine en train de préparer à manger, alors qu'ils s'attendaient à le voir en train de méditer, Héraclite (v. 576-v. 480 av. J.-C.) aurait répondu : « Les dieux aussi sont dans la cuisine », raconte Aristote (384-322 av. J.-C.). Ce trait illustre bien l'état d'esprit des Anciens. Pour eux, tout était sacré. Le divin faisait partie de la vie quotidienne. Il était présent dans chaque geste.

« Pour l'homme du mythe, la nature n'est jamais exclusivement « naturelle », elle est toujours chargée d'une valeur religieuse. Ceci vient du fait que le cosmos est pensé comme une création divine. Par le mythe qui raconte la création de toutes choses, l'homme du mythe devient le contemporain des dieux. »
Mircea Eliade,
Le Sacré et le Profane.

Le mythe et la naissance de la raison

Aussi étonnant que cela puisse paraître, c'est cette présence du mythe qui explique la naissance de la raison. Certes, quand il est question du mythe, nous pensons souvent au terme « mythomane ». Être mythomane veut dire mentir, fabuler, raconter des histoires, et il est vrai que la raison est née du désir de ne pas raconter n'importe quoi, en opposant la logique ainsi que la réalité vérifiable expérimentalement à l'affabulation. Il n'en demeure pas moins cependant que le mythe ne se réduit pas à un mensonge. En disant que le divin est partout, le mythe dit que tout a du sens. Il invite donc l'esprit à faire attention à tout.

Aussi curieux que cela puisse paraître, c'est de cette attention donnée à tout que la raison est née. Celle-ci n'a pas tué le mythe comme on le croit souvent. Elle en est née. Hegel (1770-1831) a bien résumé cette naissance en disant que la raison est née le jour où l'esprit humain a donné du sens au fait de donner du sens, en essayant de comprendre cette activité au lieu de simplement la vivre inconsciemment. Tout homme en effet vit spontanément toutes sortes de sens de par ce qu'il voit, ce qu'il rêve, ce qu'il imagine ou ce qu'il extrapole. Mais tout homme ne perçoit pas forcément ce qu'il fait quand il voit, quand il rêve ou quand il imagine. La raison lui est alors utile pour se rendre compte de ce qu'il voit ou de ce qu'il extrapole. Grâce à elle, il acquiert le sens du sens. Au lieu d'être traversé passivement par des images et des rêves, il se met à produire activement des significations. Sous la forme d'un homme qui sait ce qu'il fait, il devient dès lors celui qui sait et qui apprend aux autres à savoir.

La raison qui est une pensée consciente d'elle-même est née du mythe qui est une pensée inconsciente d'elle-même.

Le monde de la tragédie

En se libérant du mythe*, la pensée antique s'est aussi dégagée de la tragédie, où l'homme reste prisonnier du destin.

Qu'est-ce que la tragédie ?

Le mythe (*voir* pp. 10-11) dont est issue la philosophie n'a jamais été un récit isolé et abstrait se contentant de raconter les origines de toutes choses. Il a toujours été activement vécu sous la forme de cérémonies religieuses procédant à des sacrifices ou bien encore sous celle de spectacles théâtraux. Au cours de telles représentations, tout était fait pour que le public puisse ressentir la présence vivante des dieux. Tout était organisé afin de montrer comment les dieux dirigent tout et ce qui peut arriver à tous ceux qui oublient cette règle. Cette présence implacable du divin a donné naissance à ce que l'on appelle la tragédie.

Lorsque le public de l'Antiquité assistait à un spectacle où il voyait des hommes lutter contre les dieux puis finalement se résoudre à accepter leur sort, il éprouvait d'intenses émotions, dont il ressortait lavé et purifié (en grec, *catharsis*). La tragédie était l'occasion d'apprendre, à travers un retour à l'ordre des choses, que l'homme ne doit pas faire sa loi. Car ce sont les dieux qui la font.

Aujourd'hui, cet aspect implacable des dieux nous effraie et nous trouvons tragique que l'homme ne doive qu'obéir en n'ayant pas son mot à dire. Pour les Anciens, ce n'était pas le cas. Ce qui était tragique, c'était le fait que l'homme puisse vouloir faire sa loi et se prendre pour un dieu. Lorsqu'une telle chose arrive, disaient-ils, l'homme devient comme fou et, ivre de lui-même, il vit dans la démesure (*ubris*). Dans un tel état, il a tendance à se comporter comme un tyran, avant de sombrer dans le délire. Alors, il connaît le destin d'Icare, ce héros qui a chuté dans la mer, après avoir voulu voler près du Soleil avec des ailes de cire.

« Dans les tragédies de Sophocle concernant Œdipe se dégage un schéma de transgression et de salut. On le retrouve dans un nombre infini de récits mythologiques et folkloriques, de contes de fées, de légendes et même d'œuvres littéraires. Fauteur de violence et de désordre tant qu'il séjourne parmi les hommes, le héros apparaît comme une espèce de rédempteur dès qu'il est éliminé. »
René Girard,
La Violence et le sacré.

Philosophie et tragédie

La philosophie est issue de la tragédie, au même titre qu'elle est issue du mythe. La volonté d'être responsable et mesuré dans ses actes n'est pas autre chose que l'exigence même que l'on trouve dans la tragédie, formulée sur un mode non religieux. Hegel (1770-1831) a vu dans la tragédie de Sophocle (496-406 av. J.-C.) *Œdipe roi*, l'illustration de cette idée.

Ainsi que l'a montré Freud (1856-1939), tout homme durant son enfance est amené à éprouver des pulsions incestueuses ainsi que des pulsions de haine pour ses parents. Lorsqu'il refoule cette situation pour se la masquer, c'est qu'il en est la victime. Lorsqu'il l'assume, c'est qu'il en est délivré.

Dans la pièce de Sophocle, c'est ce qui arrive à Œdipe. Dans un premier temps, celui-ci refoule son destin. Il ne veut pas reconnaître les pulsions qu'il a en lui. Sans aucun doute, parce que celles-ci l'attirent. Résultat, il en devient la victime. Quand il les accepte à la fin de la pièce, il se sent délivré.

C'est pour cela qu'il s'écrie : « *Voyant j'étais aveugle, maintenant que je suis devenu aveugle pour expier mes crimes, je vois.* »

On s'affranchit du destin en le prenant en main et non en niant tout destin. Telle est la leçon d'Œdipe. Tout le génie de la pensée antique a consisté à le comprendre et à le faire comprendre en devenant ce qui, par la pensée, invite les hommes à la responsabilité, au lieu de les laisser dans une irresponsabilité toujours tragique vis-à-vis de soi.

L'idée d'un homme responsable est née de la tragédie où l'on voit un homme lutter avec ses forces inconscientes afin de se prendre en main.

« Connais-toi toi-même ! »

L'apport des Anciens est tout entier contenu dans cette phrase inscrite sur le temple d'Apollon à Delphes.

Une exigence essentielle

Le fait de réaliser que la vie est pleine de sens et de se mettre à vivre de facon mesurée et responsable a jailli du mythe* et de la tragédie (*voir* pp.10 à 13). Cette révolution s'est faite progressivement, et non de façon brutale. Les mythes et les tragédies ont en effet toujours enseigné aux hommes qu'ils s'adressaient à l'homme afin qu'il devienne un être conscient et responsable. Ainsi, sur le temple d'Apollon à Delphes, on pouvait lire cette sentence: *gnoti seauton.* « *Connais-toi toi-même!* »

Avant toutefois que les hommes en prennent conscience, il a fallu du temps. Les enfants ont besoin qu'on leur raconte des histoires contenant des images à leur portée, afin d'avoir accès au sens. Pendant longtemps, rappelle Auguste Comte (1798-1857), le fondateur du positivisme*, l'humanité s'est comportée comme les enfants. Elle a eu besoin qu'on lui raconte des mythes pour avoir accès au sens.

« *Je me suis cherché moi-même.* »
Héraclite.

À la longue cependant, ceux-ci ne suffisent plus. Les hommes ont envie de grandir. Ils ont besoin de quelque chose de plus intérieur et de plus profond. Ils ne veulent pas demeurer davantage des enfants, car vivre ainsi reviendrait à régresser et à jouer à être ce que l'on n'est pas.

C'est ce qui s'est passé en Grèce. Les Anciens représentent ce moment de la culture où l'humanité est passée à l'âge adulte, en se débarrassant des images et des symboles, ainsi que des mythes et des tragédies, afin d'accéder à la conscience et à la responsabilité sous la forme de la philosophie.

Œdipe, là encore, en est l'image exemplaire. Homme en devenir, il incarne la conscience mythique qui prend conscience de l'homme. C'est pour cela qu'il est capable de répondre à la fameuse question symbolique du Sphynx, « *Qui marche à quatre pattes le matin, à deux pattes à midi et à trois pattes le soir?* » par « *l'homme* ».

L'éternel commencement de la pensée

En découvrant la conscience et la responsabilité, l'Antiquité a fait faire un pas décisif à l'humanité. Car, être conscient, se connaître soi-même, ce n'est pas se replier sur soi afin de se regarder et s'analyser, comme on le croit souvent, mais s'ouvrir sur soi et, à partir de cette ouverture, s'ouvrir sur le monde.

Aussi étrange que cela puisse paraître, le plus court chemin pour aller vers les autres ainsi que vers l'existence passe par soi, car qui est fermé à lui-même est fermé à tout. Les Anciens l'ont compris, et depuis eux cette vérité demeure. Quand il s'agira pour Descartes (1596-1650) de repenser les fondements du savoir afin de se délivrer de la scolastique*, il ne s'y prendra pas autrement. Il rappellera que le premier pas vers la sagesse et la vie passe par la conscience de soi. Une prudence s'impose néanmoins. Nietzsche (1844-1900) a déploré de voir ce que la conscience est devenue. Dans le monde moderne, celle-ci est souvent l'occasion d'exalter le moi. Pour les Anciens, se connaître c'était avant tout sortir de la complaisance vis-à-vis de soi, afin de vivre une réelle expérience d'ouverture.

Aujourd'hui encore, à travers la phénoménologie* qui étudie l'homme en faisant retour à sa vie, l'idéal de la connaissance de soi reste vivant. Pour Husserl (1859-1938) son fondateur, l'essence du vécu se dévoile en effet lorsqu'on part de la présence de l'homme à lui-même et au monde. Ce qui se produit dans la connaissance de soi.

Chercher à se connaître soi-même, comme Socrate l'a fait, ce n'est pas se replier sur soi mais s'ouvrir sur soi.

La vie belle et bonne

Pour les Anciens, la sagesse n'était pas une chose abstraite, mais une pratique. Une pratique de la vie belle et bonne.

De la raison à la vie

Quand l'homme se connaît lui-même, il s'ouvre sur lui-même, et quand il s'ouvre sur lui-même, ce n'est pas seulement sur le monde qu'il peut s'ouvrir, mais sur la vie. Vivre devient alors une ouverture. Une liberté. Cela indique que la connaissance de soi n'est pas une connaissance théorique et abstraite mais un acte pratique, et inversement que la pratique n'est pas l'absence de toute pensée, mais la pensée même. Un mot le symbolise très bien, celui de *theoria*.

Pour l'homme moderne la théorie signifie le discours abstrait qui produit une sorte de modèle idéal de la réalité. Pour les Anciens, la théorie signifiait la contemplation, sous la forme d'une perception active, de toutes choses. Pratiquer la *theoria*, c'était voir, exercer son regard.

« Qui est sage ? Celui qui sait beaucoup de choses parce qu'il a une culture encyclopédique ? Ou celui qui sait bien se conduire dans la vie et qui vit dans le bonheur ? Les penseurs de l'Antiquité n'ont pas séparé les deux choses, parce que selon eux la sagesse (sophia) *a résidé avant tout dans une manière de vivre. Ils ont philosophé en pensant que le vrai savoir est un savoir-faire et le vrai savoir-faire un savoir faire le bien. »*
Pierre Hadot,
Qu'est-ce que la philosophie antique?

La sagesse comme art de vivre

La connaissance, chez les Anciens, était une pratique et donc un art de vivre, parce que connaître ne consistait pas à accumuler des informations afin de satisfaire une pure curiosité esthétique, mais c'était une facon de devenir présent à la vie en sachant ce que l'on fait. Inversement, la pratique était une sagesse, car agir n'avait pas pour sens de dominer techniquement le monde afin d'en tirer profit, mais de donner naissance à un monde d'hommes ouverts, et non fermés.

Ainsi que l'a fait remarquer Pierre Hadot, l'un des grands spécialistes contemporains de la pensée antique, on ne comprend rien à la pensée antique si l'on n'a pas à l'esprit que les Anciens ont vécu pour savoir parce qu'ils ont en fait voulu savoir pour vivre.

Une vie pour le meilleur

L'homme moderne s'est beaucoup éloigné des Anciens. Avec le triomphe de l'individualisme a jailli l'idée que seul l'homme et son moi ont du sens. La vie en tant que telle n'en a pas. D'où une perte moderne du sens de la nature ainsi qu'une certaine solitude de l'homme dans le monde.

Pour les Anciens, il en allait autrement. Le monde et la vie en tant que tels n'étaient pas dénués de sens. La vie étant pleine présence à elle-même sous la forme de la vie pensée et pensante, tout était censé servir cet accomplissement de la vie. D'où un profond sens de la nature et de la finalité de celle-ci. D'où également l'absence de solitude pour l'homme et le sentiment chez celui-ci que l'existence entière est habitée par une vocation au sens. Voltaire (1694-1778) a ridiculisé cette idée de finalité dans son roman *Candide*, en dénonçant les excès consistant à voir de la providence en toutes choses. Jamais les Anciens n'ont cherché à justifier le pire par le meilleur. Mais jamais non plus ils n'ont abandonné l'idée que la vie veut le meilleur, quand bien même ils seraient en butte à des épreuves. C'est la raison pour laquelle, afin de vivre, ils posaient la question: «Quelle est la vie belle et bonne?» Dans une vie en quête du meilleur, selon eux, c'est en étant soi-même meilleur que l'on accédait à la vie véritable. Quand on y parvenait, cette unité avec la vie devenait beauté (*kalos*) et bonté (*aghatos*) simultanément. Car l'unité avec le meilleur de la vie dispense toujours une harmonie qui est absence de violence, et une absence de violence qui est harmonie.

Les Anciens ont cherché à pratiquer une vie qui soit belle et bonne, parce qu'ils ont profondément cru que le monde était gouverné par la finalité d'une vie en quête du meilleur.

Parménide et la question de l'être

La philosophie a véritablement pris son essor avec la question de Parménide : « *Qu'est-ce qui est ?* »

Au commencement de la pensée : la question de l'être

La première question que les penseurs anciens se sont posée est celle de savoir ce qu'est la réalité. Cette question, les philosophes l'ont intitulée par la suite la question de l'être. C'est elle que l'on trouve au cœur de la métaphysique, cette discipline qui s'efforce de connaître le fondement ultime de ce qui est.

Cette question de la réalité, tout un chacun est amené à se la poser un jour ou l'autre. Le savant faisant une découverte qui bouleverse les connaissances acquises se la pose. L'artiste qui entrevoit des formes nouvelles se la pose également. Nous tous, nous nous la posons quand nous faisons l'expérience de la diversité de la vie ou de ses illusions. Nous nous demandons : « Qu'est-ce qui est réel ? Sur quoi peut-on se fonder ? »

« Deux voies seules s'ouvrent à la quête de la connaissance : l'une affirme que l'être est et qu'il est impossible qu'il ne soit pas. C'est le chemin de la certitude, la Vérité l'accompagne. L'autre affirme que l'être n'est pas et que seul le non-être est. C'est un chemin où il n'y a que mensonge. Car, l'esprit ne saurait concevoir le non-être qui ne peut s'accomplir ni s'exprimer dans des mots. Être et penser sont le même. »
Parménide, *Le Poème.*

Au VIe siècle av. J.-C., c'est la question que s'est posée Parménide d'Élée (v. 504-v. 450 av. J.-C.). Ainsi que l'a fait remarquer le grand historien de l'origine de la pensée en Grèce Jean-Pierre Vernant, la question de l'être s'est posée parce que le mythe*, à force de renvoyer le réel au divin et le divin au réel, posait un double sens de toutes choses pour le moins problématique. Qu'est-ce que le réel, où est le sens, si tout est ainsi à double sens ? Tout n'est-il pas contradictoire et ambigu ? Parménide a perçu les contradictions du mythe. Il a, face à cela, voulu sauver le sens. C'est pour cela qu'il s'est posé cette question : « *Qu'est-ce qui est réel ?* »

La vision de Parménide

La réponse lui est venue au cours d'une vision qu'il nous relate dans son poème intitulé *De la nature*. Un jour, dit-il,

de jeunes nymphes l'ont emporté sur un char ailé afin de le conduire à l'endroit où veille Diké, déesse de la Justice, entre le monde des vivants et celui des morts. Là, une divinité lui est apparue en lui faisant trois révélations. D'abord, l'être est. Ensuite, le non-être n'est pas et il ne faut pas confondre l'être et le néant. Enfin, l'être et la pensée sont une seule et même chose.

Ce que l'être veut dire

Les révélations qu'a reçues Parménide signifient trois choses. D'abord, le néant n'a pas de sens, car s'il est quelque chose, il n'est donc pas rien, et s'il n'est rien, on ne peut rien en dire. Donc, il n'y a aucun sens à parler du néant. Seul l'être a du sens. Le réel est bien réel. La vie n'est pas un accident dont le destin est de s'engouffrer dans le vide. Par ailleurs, la contradiction n'a pas de sens non plus. Quand on parle, il faut être logique. Quand on se contredit tout le temps, le discours devient inintelligible. Enfin, il y a un lien entre le réel et la pensée. Dire que l'être est, cela veut dire que l'être est présent à lui-même. Il est plein de sens. Il n'est pas muet ou vide. Et à l'inverse, dire que la pensée est veut dire qu'une véritable pensée qui est présence à soi est pleine de vie. Elle ouvre la présence au réel et donc le réel lui-même.

Bergson (1859-1941), qui voyait dans le mouvement le principe de la vie, a considéré que Parménide figeait toutes choses dans sa philosophie de l'être. Il a cru percevoir, là, le début du rationalisme*, qui cherche à tout ordonner en supprimant toutes les contradictions et tous les mouvements de la vie. En fait, Parménide est bien autre chose. C'est un théologien, nous dit W. Jaeger, le grand historien allemand de l'éducation dans l'Antiquité, qui a eu, comme Spinoza (1632-1677), le sentiment aigu que l'être et la vie sont premiers.

Parménide, en récusant l'idée de néant, a mis à jour les fondements logiques de tout discours rationnel.

Pythagore et le nombre

La réflexion sur l'être et son unité a conduit des penseurs comme Pythagore à affirmer que le nombre guide toutes choses.

De la logique au nombre

Parménide (v. 504-v. 450 av. J.-C.), en affirmant l'identité de l'être avec lui-même afin de rappeler que le néant n'a aucune réalité, a posé les bases de la logique. Celle-ci réside dans le principe d'identité qui veut qu'un élément comme A soit égal à lui-même et ne puisse être égal à non-A. Autrement dit, une chose ne peut pas être elle-même et son contraire.

Nous vivons quotidiennement ce principe. Qu'il s'agisse de nous ou de ceux qui nous entourent, tout le monde s'accorde à dire qu'un discours truffé de contradictions n'a ni queue ni tête. Et quand celui-ci apparaît, on demande à celui qui le produit d'être plus cohérent.

À la suite de Parménide, d'autres penseurs de l'école d'Élée, située dans l'actuelle Sicile, se sont intéressés à la logique. Le plus célèbre d'entre eux est Pythagore (v. 570-v. 500 av. J.-C.), à qui l'on doit son fameux théorème.

Si Parménide en méditant sur l'être est parvenu à la logique, Pythagore, lui, est parvenu au nombre. Il a interprété le fait qu'un élément A soit égal à lui-même, comme un principe d'harmonie renvoyant à l'unité d'une chose avec elle-même et, donc, à l'Un. Aussi, il a conclu que l'harmonie guide toutes choses sous la forme du nombre. Car, une chose quelle qu'elle soit devant être ce qu'elle est pour être, celle-ci ne peut exister qu'en fonction d'un principe d'harmonie et donc de l'Un.

Pythagore a découvert que chaque chose devant être

Les mathématiques

L'approche pythagoricienne du nombre caractérise l'esprit des Anciens. Ceux-ci ont vu dans les mathématiques un moyen de s'abstraire du monde sensible afin de s'élever vers les régions de l'esprit gouvernant toutes choses. C'est la raison pour laquelle Platon (428-348 av. J.-C.) a inscrit au haut du portail d'entrée de l'Académie : « Que nul n'entre ici s'il n'est géomètre. »

en harmonie avec elle-même afin d'être, tout est guidé par l'Un. On comprend dans ces conditions qu'il ait pu dire que le nombre guide toutes choses. Ce principe l'a amené à développer une théorie astronomique fondée sur l'harmonie des sphères célestes, celles-ci produisant de la musique au cours de leur mouvement. On doit également à Pythagore la découverte du nombre d'or en architecture, proportion considérée comme étant particulièrement esthétique.

Le grand historien de la pensée antique que fut Diogène Laërce (début du IIIe s. av. J.-C.), résume bien sa pensée lorsqu'il écrit: « *Pour Pythagore, le principe des choses est la monade (unité). De la monade indéterminée est sortie la dyade (dualité), matière indéterminée soumise à la monade qui est la cause. De la monade parfaite et de la dyade indéterminée sont sortis les nombres, des nombres les points, des points les lignes, des lignes les surfaces, des surfaces les volumes et des volumes tous les corps.* »

Actualité du nombre

Au XVIIe siècle, Galilée (1564-1642) a repris l'intuition pythagoricienne lorsqu'il a formulé l'idée selon laquelle « *la nature est écrite en langage mathématique* ». Leibniz (1646-1716), près de vingt-trois siècles après Pythagore, a esquissé dans sa *Monadologie* une vision grandiose de l'harmonie universelle de toutes les choses à partir d'un principe premier: la monade. Comme Pythagore, il a pensé que l'Un guide toutes choses, parce que chaque chose se doit d'être une pour être. D'où la relation de l'Un à tout et de tout à l'Un.

Plus récemment, Gaston Bachelard (1884-1962) a fait remarquer que les physiciens s'accordent à dire aujourd'hui que nous ne pouvons avoir accès à la matière que sous une forme mathématique, celle-ci étant la seule en mesure de pouvoir approcher sa complexité.

Manifestement, à chaque fois qu'il s'est agi de comprendre la nature, l'esprit humain s'est tourné vers le nombre, comme Pythagore. Car on ne peut réfléchir sur l'unité des choses sans se référer à l'unité, et donc, au nombre.

L'Un

De Parménide à Plotin (v. 205-v. 270) en passant par Platon, la pensée antique a été parcourue par une constante méditation sur l'Un. Par l'Un, il faut comprendre avant tout l'harmonie. Les Anciens ont pensé que l'Un était le principe de l'Univers, car, selon eux, il n'y avait qu'à contempler la beauté de la nature pour percevoir l'harmonie des choses rassemblant celles-ci en un Tout, par-delà leur diversité.

En contemplant l'harmonie des choses sous la forme du nombre, Pythagore a ouvert la voie à la science moderne.

Démocrite et l'atome

En méditant sur l'harmonie de la nature, les Anciens ont découvert que l'Univers était harmonieux jusque dans ses parties les plus petites, plus connues sous le nom d'atomes.

De l'Un immobile à l'atome mobile

La réflexion de Parménide (v. 504-v. 450 av. J.-C.) concernant l'identité de l'être avec lui-même a eu des conséquences inattendues. Alors qu'elle a conduit celui-ci à penser le monde comme une sphère immobile parfaitement équilibrée en chacun de ses points, tous les penseurs ne sont pas parvenus à la même conclusion. C'est le cas de Démocrite d'Abdère (v. 460-v. 370 av. J.-C.) en Sicile, qui est à l'origine de la première philosophie matérialiste dont Épicure (341-270 av. J.-C.) et Lucrèce (v. 98-v. 55 av. J.-C.) demeurent avec lui des figures marquantes.

D'accord avec Parménide pour dire que l'être est harmonie avec lui-même et donc Un, il en a déduit que le monde n'est pas une sphère mais un nuage d'atomes, pour des raisons tant morales que métaphysiques et logiques.

« Notre premier principe, c'est que rien n'est jamais créé de rien par l'effet d'une puissance divine. En effet, la crainte subjugue tellement les cœurs des mortels, qu'à la vue des phénomènes de la terre et du ciel, dont ils ne pouvaient pénétrer les causes, ils ont imaginé des dieux créateurs. Quand nous nous serons assurés que rien ne se fait de rien, nous distinguerons plus aisément le but où nous tendons, la source d'où sortent les êtres, et la manière dont chaque chose peut se former sans le secours des dieux. »
Démocrite,
De la Nature.

De la morale à la Physique

En premier lieu, on l'ignore souvent, la démarche matérialiste* est avant tout morale. Les hommes sont passionnés, constate Démocrite. Ils n'en font qu'à leur tête. Résultat, tout ce qui va dans leur sens ils l'appellent providence, et tout ce qui leur est contraire ils le dénomment fatalité. D'où l'émergence d'un monde imaginaire et superstitieux peuplé de dieux aimant ou persécutant les hommes. Si l'on veut pouvoir libérer les hommes de leurs passions, il faut montrer le monde tel qu'il est.

À cette vision morale est liée une vision métaphysique. Rien ne naît du néant. Tel est le deuxième principe de Démocrite. La nature n'est pas un chaos soumis à l'humeur capricieuse des dieux mais un ordre. Elle est infinie et « une » en chacun de ses points. D'où l'émergence de l'idée d'atome, expression de l'unité de la nature avec elle-même. Si tel n'était pas le cas, si la nature n'était pas ainsi « une » avec elle-même, tout serait contradictoire. Tout pourrait naître de n'importe quoi. Tout serait donc confus.

À cette approche métaphysique s'adjoint enfin une conséquence logique. La nature est faite d'atomes, mais aussi de vide, et c'est le troisième point qu'il importe de souligner. Car le vide, qui n'est pas le néant, est le complément de l'atome. Sans lui, ceux-ci ne pourraient pas se mouvoir. Tout comme il faut des silences en musique afin de laisser s'exprimer les sons, il faut du vide dans l'espace afin que les atomes puissent circuler. Si, sans atomes, il n'y aurait pas de nature, sans vide il n'y aurait pas de mouvement.

Démocrite et la science

Démocrite a formulé l'idée de l'atome afin de montrer que la nature ne doit rien au caprice, mais tout à l'ordre. Aujourd'hui, l'atome n'a plus cette signification. La science moderne utilise celui-ci sous la forme d'un outil mathématique précieux afin de pouvoir analyser la matière, et non comme réalité tangible renvoyant à un ordre métaphysique de l'unité des choses. Il n'en demeure pas moins que Démocrite et la science sont liés. Avant tout, Démocrite, en poursuivant le but de purifier les passions humaines par la connaissance de ce qui est, a été le premier à concevoir la philosophie comme science, nous dit Jan Patocka, un penseur tchèque contemporain, dans *Platon et l'Europe*. Aujourd'hui encore, la science tire sa justification du caractère éthique que peut revêtir l'acte de connaître en tant que tel.

En outre, ainsi que le souligne le philosophe Michel Serres dans son ouvrage consacré à Lucrèce, l'idée d'un nuage d'atomes tourbillonnant pour décrire la matière est une idée très moderne, puisqu'elle conduit à envisager le monde d'une manière fluide et non pas mécanique.

La notion d'atome

Les Anciens ont fait preuve d'une rare pénétration en la découvrant. Gardons-nous cependant de confondre l'atomisme antique avec l'atomisme moderne. Les Anciens ont découvert l'atome parce qu'ils ont eu une approche métaphysique consistant à voir de l'harmonie partout dans l'Univers, jusque dans les plus petites parties de celui-ci. Pour la science moderne, l'atome est une expression purement mathématique utilisée pour tenter de décrire ce qui se passe au niveau de l'infiniment petit.

Démocrite a formulé l'idée d'atome afin de délivrer les hommes des passions par la connaissance de la nature à partir d'elle-même.

Héraclite et la question du devenir

Alors que Parménide souligne la stabilité de l'être, Héraclite affirme, lui, le mouvement de toutes choses.

De l'être au devenir

Tandis que Parménide contestait l'idée du changement (*voir* pp. 18-19), de l'autre côté de la Méditerranée, en Ionie, l'actuelle Asie Mineure, un autre penseur, Héraclite (v. 576-v. 480 av. J.-C.), a tenu des propos diamétralement opposés qu'il a formulés dans des aphorismes demeurés célèbres : « *Tout coule* », « *On ne se baigne jamais deux fois dans le même fleuve* ». En s'exprimant ainsi, celui-ci n'a pas tant posé la question de la réalité, comme Parménide, qu'une question sur la réalité. Cette question, en l'occurrence, est celle de savoir si le changement et la contradiction sont aussi dépourvus de réalité que cela. Car, n'est-ce pas ce qui est vivant qui change et ce qui est mort qui ne change pas ? Dans ces conditions, n'est-ce pas dans le devenir que réside la réalité et dans l'immobilité que l'on trouve le néant ?

Le feu, la guerre et la pensée

Héraclite a développé une pensée qui peut paraître sévère au premier abord. « *La foudre gouverne l'univers* » peut-on lire au fragment 64 des pensées que l'on a recueillies de lui. Et au fragment 53 : « *La guerre est le père de toutes choses* *et le roi de toutes choses.»* Toutefois, feu et guerre ne sont que des symboles. «*Même un breuvage se décompose, si on ne l'agite pas*» écrit Héraclite au fragment 125, et au fragment 90 on peut lire: «*Toutes choses s'échangent pour du feu et le feu pour toutes choses, de même que les marchandises pour l'or et l'or pour les marchandises.*» Cela montre bien que le feu et la guerre ne sont pas des principes de destruction mais de vie. Pourquoi? Parce que pour Héraclite nous ne partons pas de l'être, nous y arrivons. D'où la nécessité de lutter contre la léthargie afin d'accéder à cet être, et pour cela l'importance de pratiquer une transformation des choses par leur mise en circulation afin de les faire communiquer. Car la léthargie vient en définitive de là. Les êtres sont immobiles et figés parce que chacun vit replié sur lui-même comme l'homme au cours du sommeil. Si l'on veut donc pouvoir sortir de ce repli, il importe d'entreprendre le travail de la parole et de la communication, en luttant contre son propre repli mais aussi contre le repli de toutes choses, afin de rejoindre le monde commun de tous, à savoir le *logos**. «*Pour ceux qui sont en état de veille*», écrit Héraclite au fragment 89, «*il y a un seul et même monde.*» «*Aussi, faut-il suivre le logos commun*», ajoute-t-il au fragment 2, «*et non vivre comme le vulgaire qui, bien que le logos appartienne à tous, vit de facon particulière.*»

« C'est chez Héraclite que l'on rencontre pour la première fois l'idée philosophique sous sa forme spéculative. Le raisonnement de Parménide avait quelque chose d'abstrait. En comprenant l'être sous la forme du devenir, Héraclite a été un penseur d'une grande profondeur. Avec lui, la terre est pour nous en vue, car c'est une grande pensée que de passer de l'être au devenir. Il n'est pas une proposition d'Héraclite que je n'aie pas reprise dans ma logique. »
Hegel, *Leçons sur la philosophie de l'histoire.*

Héraclite le prophète

On demeure soi-même en se transformant, afin de faire quelque chose de sa vie et non en se contentant d'être. À la suite d'Héraclite, de nombreux penseurs l'ont rappelé. Platon (428-348 av. J.-C.) d'abord qui, dans le *Parménide*, souligne qu'un être dont on ne peut rien dire, sinon qu'il est, ne signifie rien. D'où la nécessité, pour être dans l'être, de dire autre chose qu'il est et donc de s'ouvrir au langage. Aristote (384-322 av. J.-C.) ensuite, qui a montré dans toute sa philosophie qu'être c'est s'accomplir en s'actualisant et non demeurer à l'état de simple possible en dehors de tout mouvement.Aujourd'hui, Héraclite se serait accordé avec la thermodynamique qui a découvert que la vie doit s'ouvrir et donc se «désordonner» afin de demeurer la vie.

Héraclite a montré que l'être pour être devait faire quelque chose de lui-même et donc devenir, sous peine de n'être plus rien.

Empédocle : l'amour et la haine

En poursuivant une méditation sur l'harmonie de toutes choses, Empédocle a développé une philosophie dynamique de la nature fondée sur le couple amour-haine.

De l'Un au mouvement

Héraclite (v. 576-v. 480 av. J.-C.), avec sa philosophie du devenir, a montré qu'il était possible de penser le mouvement et la contradiction sans contradictions, si l'on peut s'exprimer ainsi (*voir* pp. 24-25). Ce n'est pas parce qu'une chose est instable et n'a pas d'identité fixe qu'il est impossible de la penser. Le changement c'est aussi la vie et son dynamisme créateur.

Empédocle d'Agrigente (v. 490-v. 435 av. J.-C.) est sans doute l'un des penseurs les plus fascinants de l'Antiquité. Surnommé « le Mage », du fait de ses relations avec les gymnosophistes, les « yogi » grecs de l'époque influencés par la philosophie hindouiste, il a défendu un idéal démocratique afin de libérer son peuple de la tyrannie, avant, dit-on, de se jeter dans l'Etna.

Homme du Ve siècle av. J.-C., il n'a pas fait partie de l'école d'Ionie d'où venait Héraclite, mais d'Élée, d'où sont issus Parménide et Pythagore. Pourtant, il est un penseur du mouvement. Curieusement, c'est sa méditation sur l'harmonie, l'Un et l'identité, qui le conduit à penser la dynamique des choses. Une image le fera mieux comprendre.

Pour lier deux choses entre elles, il faut commencer par les séparer. S'agissant de la communication humaine, cela est particulièrement vrai. On ne communique pas dans la confusion, quand tout le monde parle en même temps. Pour qu'il y ait dialogue possible, il faut savoir se taire, écouter, avoir le sens de l'autre. Cela est encore vrai pour l'acquisition d'une personnalité. On devient soi en réalisant que nous ne sommes pas l'autre et que l'autre

« La pensée d'Empédocle se résume dans cette pensée que tout ce qui vit est un. Cette unité est la pensée parménidienne de l'unité de l'être sous une forme bien plus féconde ; une sympathie profonde avec la nature, une compassion débordante s'y ajoutent. Le but de son existence paraît être de réparer les maux causés par la haine, de proclamer dans un monde de haine la pensée de l'unité et de porter un remède partout où apparaît la douleur. »
Nietzsche, *La Naissance de la philosophie à l'époque de la tragédie grecque.*

n'est pas nous. En ce sens, la séparation unit et l'unité véritable distingue et sépare. Par exemple, l'amour véritable n'étouffe pas quelqu'un, mais lui permet d'être libre. Et c'est parce que chacun est libre en étant différent que dans la liberté, deux personnes peuvent se rencontrer. Sur ce principe, Empédocle a bâti toute sa philosophie.

L'amour et la haine

Empédocle a soutenu que toutes choses sont guidées par l'amour et la haine. En termes clairs, cela veut dire que toutes choses se font et se défont sans cesse. « *Jamais le changement ne cesse son perpétuel devenir* », peut-on lire dans son poème *De la nature*, « *soit que l'amour amène tout à l'unité soit que la haine disloque et dissocie ce que l'amour a réuni. L'un s'est toujours constitué du multiple et le multiple de l'un... Les éléments de l'univers ne font qu'échanger leurs métamorphoses. Dans le Tout qui est plénitude, il n'y a ni absence ni excès de présence.* »

Le terme haine traduit mal ce que Empédocle a voulu dire, car en grec *polemos* ne désigne pas tant la haine que le combat, qui n'est pas un principe menant au néant mais un principe de séparation positive.

Freud (1856-1939) qui a médité, on le sait, sur le désir et l'amour, a rappelé que, pour que le désir se construise, il fallait à un moment que l'adolescent se sépare de sa famille et en fasse le deuil. Empédocle avait étendu ce principe à tout. Chaque chose pour se construire et demeurer elle-même doit pouvoir se détacher. Quand on a compris cela, on peut envisager autrement la mort ainsi que les grandes séparations de la vie. On peut alors devenir véritablement adulte.

L'idée de l'amour et de la haine chez Empédocle signifie que le monde est un devenir qui passe par l'unité et la séparation.

Anaximandre et la naissance de la Cité

Anaximandre a favorisé l'essor de la Cité en fondant tout l'ordre de l'Univers sur un principe de justice.

Du devenir au langage

Les Anciens ont médité sur l'être qui est immobile et sur le devenir qui est un mouvement. En apparence, tout les oppose. En fait tout les relie, dès lors qu'on réalise qu'ils construisent à eux deux le langage. Car qu'est-ce que le langage sinon le fait de lier et de délier sans cesse du sens à travers les mots ? N'est-ce pas le propre du langage de fixer le sens des choses et de faire circuler et évoluer ce sens sans que cela ne se contredise ?

La parole ou *logos* permet de réconcilier l'être et le devenir. À chaque fois que nous sommes devant un homme vivant, nous sommes en mesure de le comprendre. Celui-ci est multiple et divers. Pourtant, il est le même. Pourquoi ? Comment est-ce possible ? Cela vient de la parole, au sens fort du terme. Son corps, sa vie sont devenus langage. Résultat, il est tout en étant toujours autre, toujours neuf.

Ce n'est donc pas un hasard si les interrogations des Anciens ont fini par converger vers les questions de la Cité, de la justice et des hommes. La Cité n'est-elle pas par excellence le lieu des échanges, de la communication, et donc du langage?

La première phrase de la philosophie

Au VIe siècle av. J.-C., un penseur a pressenti cette importance de la Cité ainsi que des questions relatives à la justice. Il s'agit d'Anaximandre (v. 610-mort apr. 546 av. J.-C.). De lui, nous ne possédons qu'une seule phrase qui passe pour être la première phrase de la philosophie et que Simplicius (v. 500), un commentateur de la pensée antique du VIe siècle apr. J.-C., nous rapporte:

« *C'est lui qui a introduit le premier le terme de principe* [*arche*] » écrit Simplicius « *en entendant par là une nature infinie. C'est de là que proviennent les êtres. C'est là aussi qu'ils se dissipent selon une loi nécessaire. Car, comme il le dit dans son langage poétique, ils sont châtiés et expient leur réciproque injustice selon une loi fixée à l'avance.* »

De la nature infinie à la Cité

Selon Jean-Pierre Vernant, le grand historien de l'origine de la pensée en Grèce, cette phrase ci-dessus signifie qu'Anaximandre fonde tout sur l'ordre intérieur des relations de réciprocité entre les hommes, et non sur un ordre donné de l'extérieur. La nature n'a pas d'ordre. D'où son côté infini. Seul ce qui renvoie à la relation de communication, de langage et de réciprocité possède un ordre. Car seule la parole parvient à concilier l'être et le devenir. C'est de là que tout vient. C'est vers là que tout doit revenir. Selon Heidegger (1889-1976), il convient d'aller encore plus loin. Car ce n'est pas la Cité qu'Anaximandre a en vue, mais la pensée même. Celle-ci est le lien par excellence en pratiquant ce retour sur soi qu'est la réflexion. Tout ce qui s'en écarte y est inévitablement ramené.
Une chose est sûre, Anaximandre a opéré un renversement capital. En posant la Cité au centre de la nature, il a fait de la Cité la clé de la nature alors qu'il est souvent tentant de penser que la nature est la clé de la Cité.

« *Pour Anaximandre, aucun élément singulier, aucune portion du monde ne saurait en dominer d'autres. C'est l'égalité et la symétrie des diverses puissances constituant le cosmos qui caractérisent le nouvel ordre de la nature. La suprématie appartient exclusivement à une loi d'équilibre et de constante réciprocité. À la* monarchia, *un régime d'*isonomia *s'est substitué dans la nature comme dans la Cité.* »
Jean-Pierre Vernant, *Les Origines de la pensée grecque.*

Anaximandre a fait de la Cité la clé de la nature alors que l'on imagine souvent l'inverse.

Protagoras et la question du langage

Guidé par son intérêt pour la Cité et le langage, Protagoras a fait de l'homme la mesure de toutes choses.

La question de l'homme

Qu'il s'agisse de Parménide, d'Héraclite, d'Empédocle ou d'Anaxagore, tous les premiers philosophes ont mis l'accent sur le langage, et, finalement, sur la Cité, la communication et les hommes. La raison en est simple. C'est en définitive en pensant l'homme que l'on peut penser sans contradictions ces grandes oppositions que sont l'être et le devenir, l'Un et le multiple, étant donné qu'être homme c'est demeurer soi en se transformant chaque jour davantage. Protagoras (485-411 av. J.-C.), le grand sophiste, a bien résumé ce mouvement de la pensée antique en énonçant cette sentence demeurée célèbre: « *L'homme est la mesure de toutes choses. De celles qui sont comme de celles qui ne sont pas.* »

« Sans doute l'orateur est capable de parler contre tous et sur toutes choses de manière à persuader la foule, mieux que personne, sur presque tous les sujets qu'il veut; mais il n'est pas plus autorisé pour cela à dépouiller de leur réputation les médecins ni les autres artisans, sous prétexte qu'il pourrait le faire; au contraire, on doit user de la rhétorique avec justice. »
Platon, *Gorgias*.

La sophistique en question

Socrate (470-399 av. J.-C.) a beaucoup critiqué les sophistes et nous a appris à nous méfier de cette phrase. Les sophistes étaient des professeurs de rhétorique* et de culture générale qui vendaient leur savoir aux jeunes gens de la bonne société, afin que ceux-ci puissent briller dans les assemblées et ainsi se faire élire. Ils étaient, si l'on veut, les « conseillers en communication » de l'époque.
Socrate a dénoncé cette façon d'utiliser ainsi le langage et les idées afin de soigner son image et de séduire les foules. Car, quand l'image que l'on veut donner de soi et la séduction sont la motivation principale des actions, cela veut dire que tout et n'importe quoi devient bon, pourvu que cela marche. À ce compte-là, on finit vite dans la démagogie. On bascule également dans cette dictature des esprits consistant à baptiser qualité un défaut et défaut une qualité,

pourvu que cela plaise à un large public.
Socrate s'est insurgé contre ce procédé profitable au pouvoir et ruineux pour la pensée. De toutes ses forces, il a rappelé que l'on ne pense pas pour plaire mais pour penser et trouver la vérité. C'est la raison pour laquelle il a critiqué la démocratie de son temps en dénonçant les sophistes, chez qui il a vu d'habiles flatteurs disant aux autres hommes ce qui leur plaît d'entendre, afin de pouvoir mieux les tromper. C'est la raison également pour laquelle il a critiqué l'idée que « *l'homme puisse être la mesure de toutes choses* », ainsi que l'a dit Protagoras. Car, quand elle revient à dire que tout est subjectif, une telle phrase a pour conséquence un relativisme généralisé dont le résultat est qu'il n'y a plus ni réels, ni critères, ni valeurs. Quand, en effet, il y a autant de réels, de critères et de valeurs qu'il y a d'individus, comment parler encore de réels, de critères et de valeurs ?

La question de la communication

La sophistique est critiquable, mais elle ne se réduit pas qu'à ces travers, et Socrate, qui a critiqué Protagoras, l'a aussi beaucoup admiré. Car celui-ci a su alerter les hommes de son temps à propos d'un problème important. Quand on parle, il faut savoir à qui l'on parle et comment faire passer ce que l'on dit à autrui, sans quoi, en n'écoutant que soi, ce que l'on dit reste une parole morte. La communication afin de faire passer un message est donc quelque chose qui s'apprend. Il faut savoir vaincre, dit-on, mais aussi avoir la manière. Pour la parole aussi. Sans manière, brutale, elle cesse de parler.

La sophistique, qui est l'art du discours, est utile quand elle apprend à communiquer et critiquable quand elle devient un art de la flatterie.

Socrate et la conscience de l'homme

En abordant la question de l'homme et de l'ordre de la Cité, Socrate s'est posé cette question simple en apparence : « Sommes-nous sûrs de savoir qui nous sommes ? »

La question de l'homme

Socrate (470-399 av. J.-C.) a fait de la question de l'homme le cœur de son enseignement. Quand il débute celui-ci, toutefois, d'autres penseurs comme Protagoras (v. 485-v. 411 av. J.-C.) en parlent également. Un long travail s'est déjà accompli afin de faire comprendre la place que l'homme occupe au cœur de la pensée. Tout cependant n'a pas été dit. Car, si selon Socrate parler de l'homme est une bonne chose, encore faut-il ne pas se tromper d'homme.

« Moi, Socrate, je n'ai pas d'autre but, en allant par les rues, que de vous persuader, jeunes et vieux, qu'il ne faut pas donner le pas au corps et aux richesses et s'en occuper avec autant d'ardeur que du perfectionnement de l'âme. Je vous répète que ce ne sont pas les richesses qui donnent la vertu, mais que c'est de la vertu que proviennent les richesses et tout ce qui est avantageux, soit aux particuliers, soit à l'État. »
Platon, *L'Apologie de Socrate.*

La conscience face au corps

Pour Socrate, être un homme ce n'est pas dire « je », mais dire « je pense ». Car l'homme véritable est celui qui sait ce qu'il fait. Il est présent à sa vie par sa conscience. Accéder à cette conscience ne va pas de soi. Pour y parvenir, il faut accepter que le fond de nous-mêmes ne soit pas quelque chose que l'on puisse toucher, voir ou sentir, mais quelque chose d'invisible, d'immatériel, de spirituel en un mot. Il faut également accepter que quelque chose soit donné avant nous-mêmes qui ne soit pas nous-mêmes et qui, néanmoins, nous permette d'être nous-mêmes. Cela requiert un double abandon de soi qui angoisse les hommes. Spontanément, ce qui se comprend, ceux-ci

ont tendance à dire qu'ils sont leur corps et que leur être leur vient d'eux. Car ils veulent pouvoir voir et saisir ce qu'ils sont.
Socrate, qui ne nie pas que nous ayons un corps ainsi qu'une personnalité, fait remarquer, cependant, que l'homme ne peut pas se confondre avec son corps. Car, se penser de la sorte revient à tout ramener à soi et à ce que l'on sent, et en définitive cela revient à s'enfermer sur soi, réduire le monde à soi, être égocentrique et tyrannique.
Derrière notre rapport au corps et au sensible, il y a souvent une hypertrophie du « je-me-moi-je ». Aussi importe-t-il de faire retour sur soi et de se demander: « Qui suis-je ? », « Suis-je vraiment mon corps ? », « Suis-je vraiment moi-même quand il n'y a que moi qui compte ? ». Quand on se pose une telle question, c'est là que jaillit la conscience que, peut-être, mon moi véritable n'est pas celui que je crois. Il est plus invisible que l'on ne pense. C'est là aussi que jaillit l'idée que mon moi véritable ne vient pas que de moi, mais qu'il m'est donné mystérieusement.
Si donc je veux me libérer de ma fausse personnalité qui ramène tout à elle et à mon corps, il faut que j'accepte l'idée que mon moi véritable provient d'une présence plus profonde et plus secrète en moi. Une telle chose bouscule ce que Freud (1856-1939) a appelé la prétention narcissique. Elle implique que l'on fasse le deuil d'une image de soi afin de renaître sur un autre plan. Les contemporains de Socrate n'ont pas accepté d'être ainsi bousculés et, plutôt que de se transformer, ils ont fait mourir Socrate.

Un grand psychiatre avant la lettre

Aujourd'hui, la psychanalyse a montré combien Socrate pouvait avoir raison. Celui qui se confond avec son moi narcissique superficiel en niant son moi plus profond finit par véhiculer un narcissisme de mort. Si l'on veut pouvoir ne pas délirer ainsi il convient donc d'accoucher de soi-même en faisant retour sur soi. C'est ce qu'a compris Socrate avant tout le monde. Il a cherché à soigner les âmes de son temps en les éveillant par des questions et, en les éveillant ainsi, c'est toute la culture qu'il a éveillée.

Socrate a invité les hommes de son temps, non pas à tout ramener à eux-mêmes, mais à comprendre qu'ils ont en eux quelque chose de plus profond qu'eux-mêmes qui leur permet d'être eux-mêmes.

Platon et l'idéalisme

Platon, tirant les leçons de Socrate concernant la conscience, a découvert l'idée.

« Que serait le monde sans les idées? Non seulement il ne serait pas compris; mais c'est trop peu dire; il ne serait rien; il n'apparaîtrait même pas. »
Alain, *Idées.*

Sauver la philosophie

Socrate meurt en –399, condamné à boire la ciguë par la cité qu'il avait voulu réveiller. Platon a vingt-huit ans à ce moment-là. C'est un jeune aristocrate qui a admiré la grandeur de Socrate. Il a réalisé également où peuvent conduire les passions humaines. Celles-ci peuvent déboucher sur l'ivresse et la mort. Il se pose dès lors cette question: comment faire en sorte que l'humanité puisse conserver ce qu'elle a de meilleur et qu'elle ne réédite pas l'erreur consistant à tuer des hommes comme Socrate? Une seule réponse: imaginer un monde dans lequel l'éducation serait reine. Tout faire pour que des hommes comme Socrate puissent éduquer la foule et que la foule puisse avoir le moyen d'être éduquée par des hommes comme Socrate.

Ce monde, c'est celui de *La République*, l'œuvre majeure de Platon.

La découverte de l'idée

Pour parvenir à cet idéal, il convient de tout repenser et, d'abord, de tirer les conséquences de l'enseignement socratique (*voir* pp. 32-33). L'homme devient conscient grâce à une présence en lui qui l'inspire. Selon Platon, cette présence n'est pas l'effet d'une magie, mais de l'idée qui se trouve en lui. L'homme est conscient, parce qu'il a l'idée de lui-même.

Qu'est-ce que l'idée? L'idée est la forme de toutes choses et, pour le comprendre, prenons une image. La statue que façonne le sculpteur se compose de deux éléments: la pierre, qui est le support de la sculpture, et la forme qui donne vie à la pierre pour en faire une sculpture. Cette forme, c'est ce que Platon appelle l'idée. Grâce aux idées, tout prend forme. Tout devient réel et vivant. Tout devient visible et porteur de relations et de sens. Aussi, en l'homme, est-ce la forme qu'il possède en lui qui l'inspire. D'où viennent les formes elles-mêmes? C'est là une énigme. Nous pouvons constater que l'Univers jaillit de la forme et conclure qu'il y a un monde des formes gouverné par l'idée suprême du Bien* qui a voulu les formes parce que c'est «bien ainsi». En ce sens, tout est guidé par un principe de justice. Le monde, mais aussi l'homme et la Cité. C'est grâce à lui que chaque être et chaque chose peuvent s'accorder à eux-mêmes comme aux autres choses et aux autres êtres.

« De même que le soleil sensible, non seulement fait que les choses sont vues, mais encore nourrit et fait croître toutes les choses et les fait être, de même le Bien, soleil de cet autre monde, n'est pas seulement ce qui fait que les idées sont connues, mais aussi ce qui les fait être. »
Alain, *Idées.*

L'idéalisme platonicien

Platon a découvert que l'idée au sens de forme informe le monde. Selon lui, l'idée-forme explique toutes choses. Tout vit grâce à elle. Elle est l'âme de toutes choses et, grâce à elle, tout est plein d'âme et de sens. C'est elle, plus que l'homme, qui réconcilie l'être et le devenir, en étant dans l'homme ce qui permet à celui-ci de demeurer le même à travers tous les changements. Platon, en ce sens, peut être considéré comme le premier théoricien de l'information. Il a été le premier à penser la réalité à partir d'un principe d'information courant à travers celle-ci afin de la former.

Idéaliste dès lors Platon? Abstrait? Rêveur? Nullement. Ainsi que l'a vu Hegel (1770-1831), son coup de génie a consisté à voir qu'il n'y a pas plus réel que l'idée. Et l'expérience nous le montre. Si le monde était informe, il n'y aurait pas de monde. Si notre vie ne prenait pas forme nous ne vivrions pas. Aussi Alain (1868-1951) a-t-il eu raison de dire que le monde des idées décrit par Platon est réel comme la pureté du diamant issu du roc.

L'idée est pour Platon la réalité même. Car, étant la forme des choses, c'est par elle que le monde prend forme.

L'idée du Bien et l'adieu aux présocratiques

Platon se situe à un point crucial de l'histoire de la pensée. Car tout en prolongeant l'inspiration des présocratiques, il rompt avec eux.

Le Bien : une idée fondamentale

Platon, dans sa philosophie, a placé l'idée du Bien au centre de sa réflexion. Ainsi qu'il le montre dans un texte célèbre de *La République* où il décrit les différents degrés de la connaissance, on réalise cette importance du Bien quand on comprend que les formes abstraites qui donnent vie à la matière sont elles-mêmes possibles parce qu'elles sont « voulues » par un principe jugeant qu'il est bon qu'il y ait des formes. Tout ce qui existe est ce qu'il est en vertu d'un principe qui veut qu'il y ait un monde existant, non du néant. C'est ce que veut dire l'idée du Bien.

Le Mal : un principe impossible

« Je préfère Thucydide à Platon, parce que, en lui, s'épanouit le penseur-homme, la somptueuse floraison de cette culture de la plus libre connaissance du monde qui eut en Sophocle son poète, en Périclès son homme d'État, en Hippocrate son médecin, en Démocrite son expert ès sciences de la nature. »
Nietzsche, *Aurore*.

En plaçant ainsi un principe à la base de toutes choses, Platon a clairement signifié qu'en aucun cas le Mal ainsi que le néant ne sauraient guider le monde. Il a de ce fait rigoureusement récusé ces systèmes de pensée dans lesquels on voit la destruction servir à la création. Un sophiste* comme Trasymaque pensait que la violence guide le monde et le fait progresser. Selon Platon, dire que le Mal permet d'accéder au Bien relève d'un contresens. Car, quand c'est le cas, ce Mal qui débouche sur le Bien n'est pas véritablement un Mal. En revanche, ce Bien qui a besoin du Mal pour être n'est pas un Bien. D'où une inversion des valeurs. Quand le Mal sert au Bien, c'est le Mal qui triomphe et le Bien qui est vaincu.

Il est évident que penser les choses ainsi a un avantage

et un inconvénient. L'avantage consiste à préserver la morale en plaçant à la base de tout un principe qui veut l'être et non le néant. Car, quand on fait du Bien, qui est volonté d'être, la clé de la réalité, on offre à la morale la plus forte des légitimités possibles en soulignant que la vie véritablement réelle ne peut qu'être morale. Toutefois, on se heurte à un inconvénient que Nietzsche (1844-1900) a bien repéré. Poser l'existence d'un Bien absolu, totalement bon par lui-même, est nécessairement quelque part un acte de foi consistant à admettre l'existence d'une réalité en soi, sans la discuter. Car cela revient à placer au-dessus de soi quelque chose dont tout dérive sans que ce quelque chose ne dérive de quoi que ce soit. Ce qui a pour conséquence de suspendre la pensée et son mouvement de rationalisation. Nietzsche puis Heidegger (1889-1976) ont vu là un coup d'arrêt asséné à la philosophie. C'est la raison pour laquelle ils ont dit que la philosophie antique était morte avec Platon. Selon Nietzsche, avec Platon, la philosophie devenant morale a cessé d'oser penser comme le faisaient les présocratiques.

Platon en question

Depuis Nietzsche, une question demeure. Platon a-t-il ou non achevé la philosophie? Pour Claude Tresmontant, théologien catholique, c'est la pensée présocratique qui est une antiphilosophie. Car selon lui, elle n'a jamais été qu'un matérialisme réducteur enterrant la morale pour sauver la raison avec son idée d'un monde cyclique passant par des créations et des destructions successives, comme chez Héraclite ou chez Empédocle. Selon Nietzsche, au contraire, c'est le platonisme qui est une antiphilosophie en freinant la pensée afin de préserver la morale. En fait, ni les présocratiques ni Platon ne sont aussi noirs. Sans les présocratiques, Platon n'aurait pas existé. Aussi ne sont-ils pas si matérialistes et réducteurs que cela. Quant à Platon, sa vision morale du monde a davantage stimulé la pensée qu'étouffé celle-ci. Aussi, celui-ci a-t-il davantage accompli la pensée des présocratiques en la projetant vers des horizons nouveaux qu'achevé celle-ci.

Bien contre Mal

Les notions de Bien et de Mal paraissent relatives selon les cultures, les époques et les hommes. Pour Platon ce n'est pas le cas. Le Bien et le Mal renvoient à l'opposition de l'être et du néant. À un moment de sa vie, selon Platon, l'homme est amené comme Hamlet, le héros de Shakespeare, à se poser la question « être ou ne pas être ? ». Cette question n'est pas relativisable. C'est alors qu'il comprend le Bien et le Mal. Le Bien est le fait même d'être. Il est dans l'homme ce qui l'invite à être au lieu de se dissoudre et de se détruire.

En faisant du Bien le centre de sa pensée, Platon a fait de la morale un nouvel horizon de la pensée.

Aristote et le réalisme

Aristote a critiqué Platon en montrant que l'idée est idée quand elle rentre dans la réalité, au lieu de demeurer une possibilité idéale.

« La fin c'est l'acte et c'est en vue de l'acte que la puissance est conçue. On possède la vue pour voir et non pour posséder la vue. En outre, la matière est en puissance quand elle tend vers sa forme. Elle est en acte quand elle est dans sa forme. Aussi la nature est-elle comme ces maîtres qui ont atteint leur fin quand ils montrent leur sujet en exercice. En effet, l'acte, c'est l'œuvre. »
Aristote, *La Métaphysique.*

De la puissance à l'acte

Platon (428-348 av. J.-C.) a découvert avec génie le monde des idées et des formes. Mais, un problème subsiste. S'il est vrai que la matière ne serait rien sans la forme qui l'anime, qu'en est-il de l'inverse? La forme pourrait-elle être quelque chose sans la matière? Aristote (384-322 av. J.-C.), qui fut l'élève de Platon, répond non. Il n'y a pas, selon lui, la forme malgré la matière, mais il y a la forme parce que la matière. Pour le comprendre, il importe de changer de rapport à l'idée.

La matière ne saurait être sans la forme, cela va sans dire. L'idée ne saurait être simplement idéale. Une idée n'a de sens que dans la mesure où elle se réalise. L'idée, en ce sens, n'est une idée que quand elle s'actualise. S'actualiser, cela veut dire que l'idée est une forme dans l'action même de mettre en forme et pas simplement dans l'idée de former. Il faut donc infléchir Platon et dire que l'idée est l'action de former et pas simplement la forme. La véritable compréhension de la forme implique d'apercevoir la forme comme acte et pas simplement comme modèle, sans quoi nous n'avons affaire

à la forme que comme ce que Aristote appelle puissance. Tout le monde connaît l'adage qui dit que « c'est en forgeant que l'on devient forgeron ». Aristote le cite à maintes reprises afin de rappeler que l'idée est action.

De l'acte au sensible et à l'amitié

Cette mise au point d'Aristote a deux conséquences majeures.

D'abord, sur le plan théorique, celle-ci rectifie les dérives possibles de la théorie platonicienne des idées. Une forme, ce n'est pas une possibilité mais une réalité et donc une action. C'est dans l'action de la former qu'on la mesure et c'est dans le fait de la voir qu'on la rencontre. Méfions-nous en conséquence des abstractions. Une forme qui ne forme rien et qui n'a aucune forme sensible n'est pas une forme. De ce fait, la matière doit être réhabilitée.

Aristote, on le voit, a littéralement retourné le platonisme en poussant jusqu'au bout l'analyse de la forme qui, si elle nous éloigne de la matière en un premier temps, nous y ramène dans un second temps.

Par ailleurs, sur le plan pratique, l'approche aristotélicienne rectifie la politique de Platon.

S'il est vrai qu'il faut éduquer les hommes parfois contre eux-mêmes, faute de quoi, livrés à eux-mêmes, ils finissent par se perdre, il faut aussi savoir les laisser discuter entre eux, vivre, lier amitié et se former au contact de cette amitié sans obéir à un modèle. Les hommes doivent pouvoir, à un moment ou à un autre, se modeler eux-mêmes, sans quoi ils ne deviendront jamais adultes. L'imposition d'une éducation n'est donc pas forcément bonne. L'éducation passe aussi par les rencontres et l'amitié et surtout par le fait de vivre heureux. Car, tout un chacun peut en témoigner, jamais on n'apprend mieux que dans le plaisir.

Aristote a critiqué Platon, non pas pour le détruire mais pour éviter qu'on ne le détruise. Comme Platon, il a cru dans la force des idées et de la pensée, car sans pensée tout serait informe. Mais il n'a pas cru devoir abolir le monde sensible pour autant et c'est là que réside son génie propre.

Platon contre Aristote

Platon a opposé l'idée et le sensible afin de distinguer ce qui est relatif et ce qui ne l'est pas. Pour lui, il y a du non relativisable en particulier dans le domaine moral. C'est ce que veut dire la notion d'Idée. Aristote, lui, a opposé la puissance et l'acte. Pour lui, c'est en agissant que l'on existe. Comme le dit l'adage bien connu, « c'est en forgeant que l'on devient forgeron ». D'où une critique, par Aristote, des idées, quand celles-ci ne se réalisent pas.

L'idée devant être dynamique et s'actualiser, Aristote a réhabilité le sensible ainsi que le plaisir.

La métaphysique et le destin de la pensée occidentale

En faisant de la philosophie une discipline remontant aux premières causes, Aristote a profondément déterminé le destin de toute la pensée occidentale.

Naissance de la métaphysique comme science

En infléchissant la théorie platonicienne des idées afin de montrer que la véritable forme s'actualise, Aristote (384-322 av. J.-C.) a bouleversé les rapports à la pensée. Car, pensant ainsi toutes choses de façon dynamique, il a placé au principe de tout une réalité dynamique suprême en lui attribuant trois caractères. En premier lieu, il lui a donné le caractère d'être une cause, c'est-à-dire un agent producteur du mouvement général de toutes choses intitulé Premier Moteur. En second lieu, il lui a donné le caractère d'être un but suprême vers quoi tout tend, tout dans la nature cherchant à s'actualiser de plus en plus. D'où le lien entre cause et désir. Enfin, il lui a donné le caractère d'être une pensée productrice, la cause étant cause parce qu'elle est présente à elle-même en se pensant elle-même. En conséquence de quoi, Aristote a assigné à la philosophie le rôle d'être la science de cette cause première. Car, qui connaît celle-ci possède la clé afin de connaître tout le reste du dynamisme de la nature. Cette science de la cause première a pris un nom : celui de métaphysique, qualifiée par Aristote de science de l'être en tant qu'être.

Depuis Aristote, la métaphysique est demeurée cette discipline s'efforçant de découvrir la cause profonde de toutes choses en posant la question « pourquoi ? » et en posant de ce fait la question de la cause, du but et de la définition de toutes choses.

La métaphysique en débat

En définissant ainsi la métaphysique, Aristote a profondément déterminé le destin de la pensée occidentale, puisque celle-ci se caractérise par la science qui cherche à comprendre et à expliquer le monde. Il a également provoqué contre lui deux types de critiques qui ne cessent d'animer les débats des philosophes. La première est celle qui lui reproche d'être trop scientifique et pas assez métaphysique. Selon Bergson (1859-1941), poser que tout agit selon un but, c'est prêter à la réalité suprême, en l'occurrence Dieu, l'attitude du technicien qui pose un plan avant d'agir. C'est, de ce fait, diviniser la technique produite par la société et, par là même, la société tout court. Ainsi, Aristote a favorisé, selon Bergson, l'avènement d'un monde ayant pour philosophie la domination technique et non plus le sens de la profondeur métaphysique.

La seconde critique qui est adressée à Aristote est celle qui lui reproche au contraire d'être trop théologique et pas assez scientifique. C'est celle que l'on trouve formulée par le scepticisme de Hume (1711-1776) et le positivisme* d'Auguste Comte (1798-1857). Selon eux, la recherche d'une cause est en soi une erreur. Car elle pousse à inventer un au-delà du monde et à tout ramener à cet au-delà afin d'expliquer le monde. Ce qui est une abstraction. La science doit donc renoncer à la question « pourquoi ? » et se contenter de décrire ce qui est à partir de l'homme sous peine d'errer dans des explications fumeuses.

Trop scientifique Aristote ? Trop théologique au contraire ? Et si Aristote avait raison ? Peut-on renoncer à poser la question « pourquoi ? » ? N'est-ce pas cette question qui conduit les hommes à découvrir une autre dimension ? En l'occurrence, celle du mystère de la vie ? Est-il dès lors raisonnable de vouloir se passer de métaphysique ?

« L'esprit humain passe par trois états. L'état théologique où l'esprit humain se représente les phénomènes comme produits par des agents surnaturels, l'état métaphysique où les agents surnaturels sont remplacés par des forces abstraites, enfin, l'état positif où l'esprit humain, reconnaissant l'impossibilité d'obtenir des notions absolues, renonce à chercher l'origine et la destination de l'univers ainsi qu'à découvrir la cause intime des êtres, pour s'attacher simplement à décrire leurs lois. »
Auguste Comte, *Cours de philosophie positive.*

En faisant de la philosophie une métaphysique aspirant à être la science de l'être, Aristote s'est vu reprocher d'être soit trop peu métaphysique, soit trop peu scientifique.

Pyrrhon et le scepticisme

Socrate, par ses questions, a provoqué l'apparition d'une philosophie du doute : le scepticisme.

De Socrate à Pyrrhon

Socrate (470-399 av. J.-C.), en posant la question « quel est l'homme véritable en nous ? », a conduit la pensée à s'interroger sur l'homme et son identité. Grâce à cette interrogation Platon (428-348 av. J.-C.) et Aristote (384-322 av. J.-C.) ont découvert l'importance de l'idée-forme qui informe l'homme de ce qu'il est en lui donnant tout simplement une forme à travers son individualité et surtout son âme. La question posée par Socrate a eu cependant d'autres conséquences. La première d'entre elles réside dans le doute. En se demandant en effet qui nous sommes vraiment, Socrate a fait apparaître que l'image que nous nous faisons de nous-mêmes ne correspond pas vraiment à ce que nous sommes. Nous ne sommes pas forcément celui que nous avons conscience d'être. Il peut y avoir des illusions de la conscience de ce que nous sommes du fait des fausses images que nous pouvons véhiculer à propos de nous-mêmes. D'où la nécessité de critiquer les idées-images que nous pouvons nous faire de nous. En ce sens, Socrate, par ses questions, a ouvert la porte à une critique possible de la conscience et des idées en même temps qu'il découvrait la dimension de la conscience. C'est tout du moins ainsi que l'a interprété Pyrrhon (v. 365-v. 270 av. J.-C.), le fondateur du scepticisme antique.

« Le pyrrhonisme est le vrai. Car après tout les hommes avant J.-C. ne savaient pas où ils en étaient ni si ils étaient grands ou petits. Et ceux qui ont dit l'un ou l'autre n'en savaient rien et devinaient sans raison et par hasard. Et même ils erraient toujours en excluant l'un ou l'autre. »
Pascal, *Pensées*.

Du doute au phénomène

Pyrrhon a vu dans Socrate celui qui remettait en question les images que nous nous faisons de nous-mêmes et, donc, les idées en général. Ce qui a eu trois conséquences. Constatant en premier lieu qu'une idée juste de soi comme du monde était impossible à obtenir, tant l'illusion des hommes consiste à croire pouvoir savoir, Pyrrhon a invité les hommes de son temps à suspendre leur jugement en pratiquant une mise entre parenthèses de celui-ci (*epoche*). Que pouvons-nous dès lors savoir ? Deux choses. Faute de pouvoir connaître la vérité, nous pouvons sentir les choses et les vivre. Et les vivant nous pouvons conclure tout au plus que l'homme et le monde sont une collection de sensations.

En route vers la phénoménologie

Pyrrhon, par sa critique de l'image que l'on se fait de soi comme du monde, a fondé le scepticisme qui s'emploie à dénoncer les illusions que l'on se fait à propos de soi comme du monde. Le scepticisme a fait l'objet de nombreuses critiques. Il lui a été reproché d'être contradictoire. Est-il possible en effet de dire que tout est illusoire sans se condamner soi-même ? Il lui a été également reproché de retomber dans une forme de sensualisme assez plat critiquant la conscience et les idées afin de faire prévaloir la matière et le corps. Selon cette critique, le scepticisme aurait douté de tout ce qui ne ramène pas à une sensation ainsi qu'à la matière.

En fait, le scepticisme est infiniment plus riche et moins contradictoire, comme en témoignent ses trois illustres successeurs.

Le premier, Montaigne (1533-1592), a fait du doute une morale et une sagesse préparant à la rencontre avec l'absolu par l'apprentissage de la relativité de toutes choses. Ainsi, loin d'être une négation de l'absolu, le relativisme en est devenu le moyen d'accès. Le deuxième, Descartes (1596-1650), a fait du doute une méthode de recherche de la vérité fondée sur l'exclusion de tout ce qui n'est pas évident pour la conscience. Enfin, le troisième, Husserl (1859-1938), a fait de la suspension du jugement (*epoche*) le moyen par excellence de pouvoir redevenir attentif au vécu et créer la science de celui-ci sous la forme de la phénoménologie.

En pratiquant le doute vis-à-vis de l'idée que l'on se fait du monde, Pyrrhon, le fondateur du scepticisme, a préparé la voie à une analyse du vécu.

Épicure et la question du bonheur

En posant la question « qui est l'homme ? » Socrate a provoqué cette autre question : « Comment vivre quand on est un homme ? »

L'épicurien et l'épicurisme

Socrate (470-399 av. J.-C.), en posant la question « quel est en nous l'homme véritable ? », a ouvert la porte à une critique des illusions que nous pouvons entretenir au sujet de nous-mêmes. Il a aussi ouvert la porte à cette question pratique : « Comment vivre afin de devenir un homme ? » Ce qui est lié. Car douter de l'homme que l'on est c'est, de fait, s'orienter vers l'homme que l'on n'est pas encore, c'est-à-dire poser la question de la pratique. D'où l'autre face du socratisme : celle d'avoir été à l'origine des grandes morales antiques et en particulier de l'épicurisme et du stoïcisme*. L'épicurisme est souvent assimilé au fait d'être un bon vivant qui mange, qui boit et qui se fait plaisir. En fait, l'épicurisme véritable consiste en toute autre chose.

Du plaisir à l'être

Le but d'Épicure (341-270 av. J.-C.) n'a pas été de laisser aller son plaisir mais de guider celui-ci. Car, a-t-il remarqué, les hommes qui ne savent pas se maîtriser, n'étant pas sobres, mangent et boivent trop. Résultat, ils sont malades. Où donc est alors le plaisir ? Force est de le constater, certainement pas là, mais bien plutôt dans le fait de vivre de façon frugale et de s'abstenir des excès. Aussi importe-t-il de se délivrer de l'homme passionné qu'il y a en nous

en changeant totalement notre approche de celui-ci.
Les hommes ont tendance à faire preuve d'un égocentrisme exacerbé. Angoissés face au monde, ils se font le centre du monde afin que le monde s'intéresse à eux. Résultat, ils ne cessent d'appeler providence ce qui s'accorde avec leurs désirs et fatalité ce qui s'y oppose. D'où, chez eux, une humeur capricieuse oscillant entre l'excitation et la dépression.
Si l'on veut pouvoir se délivrer de cet état dans lequel l'homme vit malheureux parce que perpétuellement dépendant du monde extérieur pour ses joies, il importe de quitter cette vie imaginaire afin de revenir à la vie réelle. Cette vie réelle a, en l'occurrence, trois caractères.
Le premier réside dans le présent. Vivre dans l'imaginaire consistant à regretter le passé et à craindre l'avenir en imaginant sans cesse une providence et en redoutant la fatalité, il importe, si l'on veut se délivrer, d'apprendre à vivre au présent. Vivre au présent, et c'est là le deuxième trait de la vie réelle, consiste à se contenter de ce que l'on a et de ce que l'on est. D'où la mise en œuvre d'une pratique harmonieuse de la vie à travers une paix conclue avec le présent. Cela consiste par là même, et c'est le troisième trait, à vivre selon le corps, comme corps parmi les corps en réalisant qu'il n'y a rien d'autre.

« Le sage se moque du destin dont certains font le maître absolu des choses et il préfère s'incliner devant les dieux de la mythologie qui se laissent fléchir que devant le destin qui est inflexible. Il n'admet pas avec la foule que la fortune soit une divinité, car un dieu ne peut agir sans règles. Enfin, il pense qu'il vaut mieux échouer par mauvaise fortune après avoir bien raisonné, que réussir par heureuse fortune après avoir mal raisonné. »
Épicure, *Lettre à Ménécée sur la morale.*

Un matérialisme éclairé

Mal compris, l'épicurisme peut donner l'impression d'être un hédonisme nihiliste, c'est-à-dire un culte désespéré de la jouissance de la vie sur fond d'une glorification de la matière. En fait, c'est tout l'inverse. Le matérialisme d'Épicure n'est qu'une conséquence de sa morale, dans laquelle seul importe le fait d'apprendre à vivre au présent, afin de se délivrer de la peur et des vaines attentes. C'est donc parce qu'il a eu en vue d'apprendre aux hommes de son temps à vivre au présent qu'Épicure s'est intéressé au plaisir et au corps. Quand on apprend à vivre de la sorte, une ouverture étonnante se produit. Derrière le présent comme temps de la vie, on découvre le présent comme don.

Le plaisir prôné par Épicure consiste avant tout à vivre au présent sans crainte de l'avenir ni regret du passé.

Épictète et la question de la vertu

Si les épicuriens ont pensé que l'idée du destin était un obstacle à la liberté, les stoïciens ont pensé, eux, qu'elle en est le moyen. Selon eux, il était inutile d'attendre quoi que ce soit, car tout est là.

Du hasard au destin

Afin d'apprendre aux hommes à vivre au présent, les épicuriens ont enseigné qu'il n'y a dans le monde que la matière présente à elle-même, et à part cela rien. D'où l'idée chez eux du vide, complément de la matière, ainsi que celle du hasard, afin de souligner qu'aucun destin ne dirige le monde. Une question demeure cependant. Si la matière peut être ainsi présente à elle-même, n'est-ce pas parce qu'il existe en elle un principe d'organisation faisant qu'elle adhère à elle-même et qu'elle est ce qu'elle est? Les stoïciens l'ont pensé. C'est la raison pour laquelle ils ont affirmé qu'il existe une raison dans toutes choses gouvernant celles-ci. Cette raison, ils l'ont appelée destin.

Les choses et la représentation des choses

« Ne demande pas que ce qui arrive arrive comme tu veux. Mais veuille que les choses arrivent comme elles arrivent, et tu seras heureux. »
Epictète, *Le Manuel.*

Le stoïcisme a connu trois phases: sa naissance avec Zénon de Kition (v. 335-v. 264 av. J.-C.), le moyen stoïcisme avec Panetius de Rhodes (v. 180-v. 110 av. J.-C.) et surtout sa maturité avec le stoïcisme dit impérial, représenté à Rome par trois illustres figures: Sénèque (v. 2 av. J.-C.-65 apr. J.-C.), Épictète (50-125 ou 130) et Marc Aurèle (121-180).

Tout le stoïcisme se résume en une phrase: il y a ce qui dépend de nous et ce qui n'en dépend pas. Ce qui dépend de nous, ce sont nos actions et surtout nos jugements, c'est-à-dire nos représentations des choses. Ce qui n'en dépend pas, ce sont le corps, les richesses et les honneurs qui nous viennent de l'extérieur.
Tout le malheur de l'homme vient de ce qu'il confond les deux ordres. Il veut ce sur quoi il n'a pas prise et il ne veut pas ce sur quoi il a prise. Il veut par exemple ne pas mourir ou être célèbre, ce qui ne dépend pas de lui. En revanche, il ne veut pas réformer son jugement et se dire que, souvent, il souffre parce qu'il désire l'impossible. Si l'on veut donc ne pas souffrir, il importe de réformer son jugement. Comment? En apercevant que la qualité d'une chose n'est jamais qu'un événement. C'est à tort, par exemple, que l'on dit qu'un arbre est vert. Il n'est vert qu'au printemps, avant de jaunir et de perdre son feuillage en automne. La qualité «vert» qu'on lui attribue n'est que passagère. Appliquons cela à notre vie. Gardons à l'esprit que tout est transitoire, nous ne souffrirons plus. Et ce, pour deux raisons. D'abord, nous cesserons d'imaginer que tout est fixé une fois pour toutes. Aucun malheur n'est éternel. En outre, apercevant que tout n'est qu'événement parce que tout est vivant, nous serons à même d'apercevoir que, la nature étant un tout qui se régénère sans cesse à travers ce qui, de notre point de vue, nous apparaît comme une destruction, celle-ci est incorruptible et nous qui en faisons partie, nous possédons une part de cette incorruptibilité.
Pourquoi s'en faire dès lors? «*Tu veux m'asservir*», disait Épictète. «*Fais-le. Sur le trône comme dans les chaînes, je reste libre. Car jamais tu ne pourras détruire la part indestructible que je porte en moi. Il faudrait pour cela que tu puisses détruire la nature tout entière dont tu n'es qu'une infime poussière. Ce qui est proprement risible.*»
En voyant en toutes choses la dynamique de la nature, les stoïciens ont développé la sagesse même. Ils ont aussi découvert l'idée d'une loi universelle gouvernant tout, qui a été au fondement de la vision juridique des Romains.

« Tout ce que tu vois, la nature qui gouverne le tout va le transformer. De la substance de ces choses, elle fera d'autres choses, et de la substance de celles-ci, d'autres encore, afin que le monde soit toujours nouveau. »
Marc Aurèle, *Pensées pour moi-même.*

Les stoïciens ont puisé leur sagesse en envisageant la nature comme un tout vivant qui se régénère sans cesse.

Plotin et la contemplation de l'Un

Plotin est parti de la beauté afin de s'élever peu à peu vers la contemplation de l'Un, principe de toute harmonie.

Un héritier de Platon

Si la philosophie morale et politique a mobilisé les esprits sous la Rome impériale (Ier et IIe s. apr. J.-C.) puis sous le Bas-Empire (IIIe et IVe s. apr. J.-C.), l'Antiquité tardive n'a pas pour autant éclipsé toute préoccupation contemplative et métaphysique. Au IIIe siècle apr. J.-C., celle-ci connaît un regain de vigueur du fait de Plotin (v. 205-v. 270) qui revient à Platon (428-348 av. J.-C.).

Peu attiré par la morale et en particulier par la morale chrétienne, celui-ci aspire à la pensée. Toutefois peu attiré également par une pensée exclusivement mathématique, il se tient à l'écart des courants platoniciens qui s'occupent d'abstractions logico-mathématiques, car il aspire à la dimension religieuse de la vie. C'est en relisant Platon qu'il sort de ce dilemme.

Dans *Le Banquet*, Diotime, l'interlocutrice de Socrate (470-399 av. J.-C.), explique à ce dernier qu'il est possible de s'élever vers les idées par la contemplation des corps sensibles. Car qui contemple la beauté des corps finit par entrevoir en eux l'âme qui anime ces corps, puis, à travers cette âme, les actes qui animent cette âme, les discours qui animent ces actes et, enfin, les idées d'où émanent ces discours.

La montée vers l'Un

Fort de cette analyse, Plotin place le beau au centre de sa réflexion sous la forme de l'Un qui est harmonie avec lui-même.

Cet Un est une intelligence qui, en se recueillant en elle-même afin de se contempler, crée une sorte de grande vibration lumineuse que Plotin baptise émanation, car elle ressemble à la lumière qui émane de quelqu'un quand celui-ci est en harmonie avec lui-même. Ne dit-on pas de quelqu'un qui est en paix avec lui-même qu'il rayonne? Toute la création est issue de cette émanation qui est une sorte de grand débordement d'être. Dans ce déploiement, plus une chose s'éloigne de l'Un, plus elle se matérialise, plus elle s'en rapproche, plus elle se spiritualise. Il est possible de comprendre ce mouvement en se tournant vers l'homme et sa vie intérieure. Lorsque celui-ci rentre en lui-même, peu à peu il trouve l'Un et la lumière. « *Rentre donc en toi-même* », écrit Plotin, « *et observe. Si tu ne vois pas la beauté, retranche ce qui est superflu, redresse tout ce qui est travers, dissipe toute opacité et travaille à te rendre limpide, sans cesser jamais de sculpter ta propre beauté, jusqu'à ce que t'illumine le divin éclat de la vertu.* »

Un penseur de la transformation

Henri Bergson (1859-1941) a vu dans Plotin un penseur capital. Selon lui, avec l'émanationisme, celui-ci a compris le principe même de la transformation qui permet de passer de la matière à l'esprit. Lorsqu'on pose le nombre 10, dit-il, on pose implicitement toute la suite 9, 8, 7, etc. De sorte que l'on peut entrevoir le nombre 10 de deux façons. De façon qualitative comme série ou de façon quantitative comme nombre dans une série. Il s'agit là de deux points de vue sur la même chose. Avec Plotin, on trouve l'équivalent. La matière et ses dégradations ou l'intelligence avec son unité sont les deux faces d'une même médaille. Quand on l'a compris, on devient à même de pouvoir percer l'énigme du temps qui lui aussi a deux faces. Une face changeante et une face permanente. Marcel Proust (1871-1922) l'a manifestement compris, comme le montre son expérience de la mémoire découvrant l'unité du temps par-delà ses changements.
Ces remarques sont la preuve que la pensée ignore le temps et que les grandes idées sont toujours modernes.

Plotin, qui a pensé que l'Un est la puissance de toutes choses, a eu l'intime conviction que cette force c'est nous et qu'il faut que nous nous rattachions à elle. Ces mots qu'il a prononcés sur son lit de mort le prouvent. Selon Porphyre (234-303) il aurait dit avant de mourir : « *Je m'efforce de ramener le divin qui est en moi au divin qui est dans l'Univers.* » Émile Bréhier, *La Philosophie de Plotin*.

Avec son idée d'une intelligence faisant tout émaner d'elle, Plotin a ouvert une voie permettant de comprendre comment la matière se transforme en esprit et inversement.

Saint Paul et la philosophie

En plein essor de la Rome impériale, l'Antiquité rencontre un événement majeur: la révélation chrétienne. C'est saint Paul qui va diffuser et expliquer celle-ci.

Du mythe à la révélation chrétienne

L'esprit de l'Antiquité a connu deux profonds bouleversements. Le premier avec la disparition du mythe* et l'apparition de la raison*. Le second avec le surgissement de la révélation chrétienne face à la raison.

Révéler veut dire dévoiler quelque chose qui est caché. Par révélation, on entend en général l'idée selon laquelle le monde a été créé par Dieu. Celui-ci ne s'est pas créé lui-même. Il n'est pas autosuffisant.

La révélation est un phénomène personnel. On a une révélation quand, à l'occasion d'un événement important de la vie, on est amené à se dire que le monde ne peut pas se limiter à ce que l'on voit. Il doit y avoir quelque chose d'autre, comme une force cachée donnant sens à ce que l'on voit.

La révélation est cependant également un phénomène culturel. À cet égard, on peut distinguer deux types de révélation: la révélation biblique et la révélation chrétienne.

« Les Juifs demandent des miracles et les Grecs cherchent la sagesse; nous, nous prêchons Christ crucifié, scandale pour les Juifs et folie pour les païens, mais puissance de Dieu et sagesse de Dieu pour ceux qui sont appelés, tant Juifs que Grecs. Car la folie de Dieu est plus sage et la faiblesse de Dieu plus forte que les hommes. »
Saint Paul, *Épître aux Corinthiens.*

La révélation biblique

La révélation biblique est celle que l'on trouve dans le judaïsme ainsi que dans l'islam. Fondamentalement, tout part du judaïsme. Celui-ci a révélé à l'histoire entière que le monde avait un commencement dans le temps. Ce qui était inimaginable pour l'Antiquité, qui trouvait logique de penser que la nature est une sorte de dynamisme éternel obéissant à des cycles. Avec la révélation, une autre image de la nature a vu le jour. La culture est passée de l'image d'une nature soumise à l'éternel retour de cycles cosmiques à l'image d'une nature soumise à l'irréversibilité du temps.

Un grand penseur contemporain, Emmanuel Levinas (1905-1995), qui a beaucoup médité sur le judaïsme, a bien caractérisé le génie propre d'Athènes et de Jérusalem. Athènes, dit-il, est incarnée par Ulysse qui rêve de revenir chez lui, et Jérusalem par Abraham, qui va vers la Terre promise sans se retourner. L'un veut abolir le temps. L'autre s'ouvre à l'avenir et à l'inconnu.

Les Grecs ont identifié le divin à la beauté du monde. D'où, chez eux, un sens très fort de l'esthétique. Le judaïsme a fait de Dieu un grand Autre. D'où, chez eux, un sens très fort de l'éthique. Kierkegaard (1813-1855) a bien résumé ce qui peut accorder ces deux génies. Il a indiqué que la sagesse commence dans l'amour passionné de la vie qui recherche la beauté. Puis cette sagesse se poursuit dans la recherche d'un sens éthique de la vie en quête d'un sens avec autrui.

Appartenant à la révélation biblique, l'islam s'est attaché à revenir sur le caractère unique et inconnu de Dieu, au moment où le christianisme s'était déjà développé.

Dieu, amour infini

Avec saint Paul, la pensée antique est confrontée à l'idée d'un Dieu sortant de lui-même afin de s'incarner en Jésus-Christ son fils, pour sauver le monde. Dieu n'est plus pensé sous la forme de l'harmonie de la nature, ni même dans celle d'un principe moral, mais comme amour infini. C'est ce que montre ce passage (*voir* page précédente) de l'*Épître aux Corinthiens* de saint Paul.

La révélation chrétienne

La révélation chrétienne diffère de la révélation juive, fondée sur la loi morale, et de la révélation musulmane, fondée sur la transcendance absolue de Dieu, sur un point majeur. Dieu n'est pas simplement le créateur du monde. Il est amour et s'est incarné, en Jésus son fils, afin de sauver le monde. Admettre cela est difficile, car cela demande non seulement de rompre avec l'idée d'une nature autosuffisante mais aussi avec l'idée d'un Dieu tout-puissant, afin d'envisager Dieu comme un homme. Ce qui heurte notre besoin d'autosuffisance et de toute-puissance. C'est la raison pour laquelle saint Paul (5-15 - 62-64) s'est écrié: « *Le Christ est une folie pour les sages.* »

La révélation biblique puis chrétienne a demandé à l'Antiquité de rompre avec son désir d'un monde autosuffisant ou d'un Dieu tout-puissant.

Saint Augustin et l'homme intérieur

Saint Augustin a été l'un des premiers à élaborer une grande synthèse entre la sagesse antique et la révélation chrétienne, en rapprochant l'amour antique pour la sagesse de la sagesse chrétienne de l'amour.

Sagesse et révélation

Il faut attendre le Ve siècle apr. J.-C. pour voir surgir une grande synthèse entre la sagesse et la révélation. Auparavant, il est vrai, des penseurs ainsi que des Pères de l'Église ne se sont pas privés de montrer la compatibilité de ces deux sources. Sans aucun doute, Platon (428-348 av. J.-C.) les a aidés. En mettant à la base de toute sa pensée l'idée du Bien, celui-ci a développé une vision morale propice à accueillir la révélation avec son mystère d'un Dieu autre dépassant la nature. Aristote (384-322 av. J.-C.) également les a aidés, avec sa vision dynamique du monde, héritée des présocratiques, dans laquelle on voit un Dieu posé comme intelligence et comme désir tout animer en attirant tout à lui. Ainsi, Philon d'Alexandrie (13 av.-54 apr. J.-C.) a bâti une grande synthèse entre la pensée grecque et la Bible hébraïque. De même, Clément d'Alexandrie (150-216), Origène (183-254) ou Grégoire de Nysse (335-394) ont vu dans la pensée antique une préparation annonçant la révélation chrétienne. Toutefois, il manque à ces rapprochements un lien intérieur afin de comprendre comment l'Antiquité a pu passer de la philosophie à la révélation. Ce lien, c'est saint Augustin (354-430) qui l'établit. En racontant dans *Les Confessions* comment il a rencontré le Christ à la suite d'une vie passionnée, comment il a lutté contre celui-ci, puis comment il s'est définitivement converti à lui, il ne propose plus un rapport à la vertu sous la forme d'un traité de la maîtrise de soi, comme le faisaient

les Anciens, mais sous celle d'une aventure intérieure écrite à la première personne. Le monde a changé. La morale a pris figure humaine.

De la conscience au temps

La démarche de saint Augustin est la démarche d'un homme qui lutte contre l'amour avant de réaliser que la vie n'a de sens que par lui. Par cette démarche, saint Augustin nous fait comprendre comment la révélation agit en l'homme de l'intérieur en le travaillant par un questionnement sur sa vie. Quelque chose guide l'homme vers l'amour. C'est en cela que saint Augustin est philosophe. En réalisant que Dieu aime les hommes et veut que les hommes aiment à leur tour, il met à jour le lien existant entre la pensée et l'amour. Il découvre que nous pensons parce qu'un amour se cherche en nous.

Afin d'illustrer son propos saint Augustin réfléchit sur le temps. À première vue, celui-ci paraît être cet écoulement de la vie qui va du passé à l'avenir en passant par le présent. En fait, le temps est une réalité intérieure. Il y a le passé, le présent et l'avenir parce que nous sommes présents à tous ces moments sur le mode de la mémoire, de l'attention et de l'attente. Le temps n'est donc pas une chose, mais une «*distension de l'âme*». Il est une réalité vivante que la conscience parcourt de part en part en s'étendant en lui, par la mémoire, la perception et l'imagination. Quand nous comprenons cela, nous réalisons ce que peut être l'amour. L'amour se cherche en nous tout comme l'âme se vit à travers le temps. Nous sommes parce que quelque chose veut se vivre en nous, tout comme le temps se déroule parce qu'une conscience le fait vivre.

Par cette analyse, nous comprenons mieux en quoi l'idée du temps issue d'un Dieu créateur du monde est importante. Les Anciens pensaient que le temps n'a pas d'être parce qu'il est éphémère. Saint Augustin découvre au contraire qu'il en a. Notre présence au temps par la conscience que nous en avons en est le signe. De l'intérieur de la vie donc, il est possible de transformer la vie, pourvu que nous aimions.

« *Quand j'aime Dieu, j'aime la clarté, la voix, le parfum, l'enlacement de « l'homme intérieur » que je porte en moi, là où brille pour mon âme une clarté que ne borne aucun espace, où chantent des mélodies que le temps n'emporte pas, où embaument des parfums que ne dissipe pas le vent… Et la vérité me dit : « Ton Dieu n'est ni le ciel, ni la terre, ni aucune espèce de corps. Ton Dieu est pour toi la vie de ta vie.* »
Saint Augustin, *Les Confessions.*

En rencontrant la dimension de l'amour, saint Augustin a découvert qu'il n'est pas nécessaire d'abolir le temps afin de transformer la vie.

De la Cité-État à la Cité de Dieu

La démarche religieuse de saint Augustin l'a conduit à avoir une démarche politique qui a influencé toute l'histoire politique de l'Occident.

Il faut sauver la civilisation !

À travers son analyse de la vie intérieure ainsi que du temps, saint Augustin (354-430) a fait deux découvertes remarquables. La première concerne la conscience. Car pour douter de la conscience, encore faut-il être conscient. Bien avant Descartes (1596-1650), saint Augustin a découvert le caractère irréductible de la conscience humaine en s'écriant dans *La Cité de Dieu*: « *Si je me trompe, je suis.* » Par ailleurs, bien avant Husserl (1859-1938) et la phénoménologie*, il a découvert que le temps pouvait avoir une réalité vivante à travers son analyse de la présence de l'homme au temps. Toutefois, son génie ne s'arrête pas là. Car on trouve chez lui également des vues politiques profondes. Ne l'oublions pas, au moment où il se convertit au christianisme, l'Empire romain est en train de s'effondrer. Alaric, roi des Wisigoths, et ses troupes pillent Rome en 409. Il faut sauver la civilisation.

« *Deux amours ont fait deux cités: l'amour de soi jusqu'au mépris de Dieu la cité terrestre. L'amour de Dieu jusqu'au mépris de soi la cité céleste… L'une, dans ses chefs, et à propos des nations qu'elle soumet, est dominée par la passion de dominer; l'autre voit ses chefs décider et ses sujets obéir en se dévouant les uns aux autres par charité. L'une, en ceux qui la gouvernent, aime sa propre force; l'autre dit à son Dieu: « Je t'aimerai, Seigneur, Toi qui es ma force.* »
Saint Augustin, *La Cité de Dieu.*

Deux erreurs à éviter

Pour y parvenir, saint Augustin a conscience qu'il faut éviter deux erreurs. La première consiste à croire que la cité des hommes peut se sauver par elle-même. Une telle idée repose, selon lui, sur de l'orgueil et, derrière ses vues utopiques, elle ne peut conduire qu'à la tyrannie. Il convient donc de ne pas diviniser le politique. Le royaume n'est pas de ce monde. Il ne peut être qu'à venir. Quand on a la sagesse de le penser, on a un rapport ouvert au politique posant que la politique n'est pas tout, dans la vie. Quand, au contraire, on récuse une telle idée, on s'enferme dans le politique en attendant de celui-ci le salut de l'existence. Ce n'est pas parce que le royaume n'est pas de ce monde qu'il ne faut rien faire. Au contraire! Et c'est là la deuxième erreur à éviter. Ne pas agir en attendant le royaume à venir voudrait dire que l'on peut laisser le monde tel qu'il est. Ce qui serait une autre façon de s'y enfermer et finalement de le glorifier. Quand on a compris que le royaume n'est pas de ce monde, justement on se met à agir pour transformer le monde en y apportant pour commencer la fin de la violence et la paix, afin d'éviter la destruction de l'humanité par des conflits.

La sagesse de l'action

La foi se manifeste par les œuvres, est-il écrit dans les Évangiles. Toute la pensée de saint Augustin ne dit pas autre chose. Si la pensée est indispensable afin de comprendre que ni la nature ni le politique ne sont des domaines autosuffisants refermés sur eux-mêmes, c'est en agissant afin de faire naître un monde ouvert que l'idée d'ouverture acquiert du sens. Tant il est vrai qu'un sage se doit pour être sage non pas simplement de parler de la sagesse et de l'ouverture, mais d'être sage et ouvert par ses actions.

Si Platon (428-348 av. J.-C.) a fondé la pensée antique en montrant à travers l'idéal de *La République* que l'homme et la Cité sont le centre résolutif de la dualité que l'on trouve entre l'être et le devenir, saint Augustin a accompli le parcours de cette même pensée antique en se saisissant de l'action de la sagesse afin de convertir celle-ci en sagesse de l'action. Par ce geste, il a fondé le génie de l'Occident qui réside dans l'action. Ce génie n'aurait sans doute pas existé s'il n'y avait pas eu des penseurs comme saint Augustin pour faire comprendre que la contemplation véritable débouche sur l'action.

En opposant la Cité de Dieu à la Cité des hommes, saint Augustin a invité les hommes non pas à se résigner mais à agir afin de transformer le monde.

La leçon des Anciens

Le monde antique s'est englouti, mais son esprit demeure toujours vivant à travers sa sagesse, qui a franchi les siècles pour parvenir jusqu'à nous.

Une pensée toujours neuve

La philosophie antique a débuté au VIe siècle av. J.-C. avec les présocratiques et elle s'est achevée au Ve siècle apr. J.-C. avec saint Augustin. Mais s'est-elle vraiment achevée? Si l'on pense qu'avec le Moyen Âge, la Renaissance et la modernité, de nouvelles questions sont nées provoquant la naissance de nouveaux centres d'intérêt, oui, bien sûr. Les Anciens ne se sont pas posé un certain nombre de problèmes métaphysiques, scientifiques, politiques ou moraux que nous nous posons, car le contexte était autre. Est-ce à dire pour autant que leur pensée n'a plus que la valeur d'un bel objet de musée? Non plus. Car, s'ils ne se sont pas posé les mêmes problèmes que nous, ils ont été les premiers à poser les problèmes tout court en métaphysique*, en sciences, en morale ou en politique. C'est la raison pour laquelle leur route croise la nôtre à chaque fois que nous faisons route nous-mêmes.

Ainsi, selon René Thom qui est mathématicien, rien n'est plus moderne que la vision du monde en devenir que l'on trouve chez Héraclite (v. 576-v. 480 av. J.-C.). Quant à Michel Serres, la vision atomiste du monde que l'on trouve chez Lucrèce (v. 98-55 av. J.-C.) ouvre sur une approche fluide de l'Univers qui est d'une rare actualité. Après les tragédies totalitaires du nazisme et du stalinisme

« *Comme la vie est grande quand on médite sur ses commencements. Méditer sur une origine n'est-ce pas rêver? Et rêver sur une origine n'est-ce pas la dépasser? Pour forcer le passé, quand l'oubli nous enserre, les poètes nous engagent à réimaginer l'enfance perdue. Ils nous apprennent les audaces de la mémoire. Il faut réinventer le passé, nous dit le poète.* »
Gaston Bachelard, *La Poétique de la rêverie.*

qui ont ensanglanté le XXe siècle, nous réalisons que le Mal n'est pas justifiable et qu'en aucun cas la fin ne saurait justifier les moyens. Platon (428-348 av. J.-C.), dans sa critique des sophistes* et son idée du Bien n'ayant pas besoin du Mal pour être, l'avait déjà dit.

La jouvence de la pensée

Comment comprendre ce trait singulier? Cela veut-il dire que l'on n'invente jamais rien? Nullement. Cela signifie seulement que découvrir n'est pas séparable du fait de redécouvrir. Car inventer ne se fait pas à partir de rien. S'il est vrai qu'une origine sans avenir finit par être l'origine de rien et donc par se détruire comme origine, un avenir sans origine finit par devenir l'avenir de rien également et par se détruire comme avenir. Aussi y a-t-il une permanence de l'origine.
Heidegger (1889-1976) en a été si convaincu qu'il n'a pas hésité à dire qu'il n'y avait jamais eu qu'une pensée: la pensée antique. La philosophie, a-t-il dit, est née avec Parménide (v. 504-v. 450 av. J.-C.) et elle est morte avec Aristote (384-322 av. J.-C.).
Un tel propos pourra paraître choquant. N'est-il pas totalitaire de parler d'une seule philosophie et pessimiste de dire que l'unique philosophie existante est déjà passée? Nullement. Quand on ne perd pas de vue que la philosophie antique a été avant tout la philosophie qui commence, il n'est pas exagéré de dire qu'il n'y a qu'une philosophie et qu'il n'y a jamais eu qu'une philosophie. Car il ne peut y avoir en philosophie qu'une philosophie qui commence. Pour parler de la philosophie afin de souligner que celle-ci doit être vive et alerte, Nietzsche (1844-1900) a intitulé l'un de ses textes *Aurore*. De son côté, Gaston Bachelard (1884-1962) aimait à dire que la poésie nous met en état de nouveauté. La véritable pensée agit de même. Penser c'est s'éveiller, et s'éveiller c'est être toujours neuf. C'est ce que les Anciens ont compris. Ils sont les plus vieux de nos sages parce qu'ils sont les plus jeunes et ils sont les plus jeunes parmi nos sages parce qu'ils sont les premiers à avoir voulu vivre éveillés.

La sagesse antique

Elle demeure plus que jamais d'actualité, car en envisageant le monde comme une réalité vivante et pleine de sens, celle-ci a non seulement permis à la science d'apparaître, mais elle rejoint la science, dont le progrès ne cesse de nous enseigner que le monde est riche, vivant et plein de sens. On est dans la science par la qualité de son regard sur le monde plus que par la quantité des informations que l'on accumule. Les Anciens le savaient. C'est pour cela que leur pensée est toujours vivante. Ils nous ont appris à voir et ils le font encore.

La pensée antique nous parle encore parce qu'avec elle, tout commence, et commencer, ce n'est pas rien.

Glossaire

Acte : désigne chez Aristote l'action, la réalisation, par opposition à la puissance qui est possibilité idéale, non encore réalisée.

Aphorisme : petite phrase ou petit groupe de phrases délivrant une pensée ou une sentence morale.

Atomisme : doctrine qui fait de l'atome, petite particule de matière, l'élément constitutif de la Nature. (*voir* Démocrite).

Bien : situé au sommet des degrés de la connaissance chez Platon, le Bien est le principe qui explique qu'il y ait des idées, et d'une facon générale tout ce qui en dérive. Sans être une forme, le Bien pose qu'il convient qu'il y ait des formes. Il est donc ce qui maintient l'unité de la forme avec elle-même.

Bonheur : l'un des grands principes de la morale antique présent chez Aristote et les épicuriens. Principe d'harmonie plus que principe de plaisir, le bonheur est une façon de devenir un avec soi-même comme la Nature peut être une avec elle-même.

Conscience : faculté d'éveil et de présence au monde. Faculté morale de discernement du Bien et du Mal. Expression subjective au niveau du moi du domaine de l'esprit en général.

Contemplation : état suprême d'unité avec soi et avec le monde. Chez Aristote, la contemplation est l'état même de Dieu.

Cosmos: ordre. Par extension, la Nature envisagée comme harmonie.

Destin : expression de la loi divine qui gouverne toutes choses en les décidant et en les déterminant à l'avance.

Devenir : principe de mouvement par opposition à l'Être qui est un principe de stabilité et d'immobilité.

Dialectique : vient de dialogue. Fait de parvenir à l'unité avec autrui à travers le dialogue. La dialectique pense donc que l'opposition des points de vue est quelque chose de positif.

Éléates : groupe de philosophes venant d'Élée en Sicile. Par extension, désigne la philosophie qui défend le principe de l'Être en récusant le devenir et son mouvement, comme Parménide.

Épicurisme : sagesse morale reposant sur une vision matérialiste du monde où compte avant tout le fait de vivre au présent de façon sobre sans chercher à fuir l'existence.

Être : l'Être désigne la réalité fondamentale à la base de toutes les autres réalités. Pour Parménide, l'Être est stable, invariable, identique à lui-même. Il est.

Idée : chez les Grecs, forme qui donne forme à la matière. À ne pas confondre avec le sens moderne qui fait de l'idée un produit de l'imagination et donc une image inventée par l'homme. L'Idée existe en soi, avant l'homme et son imagination.

Intériorité : chez saint Augustin, Dieu n'est pas tant dans la Nature que dans l'homme. Désigne donc la vie cachée de celui-ci.

Ioniens : groupe de philosophes venant d'Ionie (côte turque d'Asie Mineure) qui ont cherché les premiers à connaître le principe de la Nature et défendu, comme Héraclite, la notion de devenir.

Jugement : action de réfléchir avec discernement sur les choses en engageant sa conscience.

Justice : principe gouvernant la Nature et assignant à chaque chose sa place et sa fonction.

Logos : ce qui lie. Rapport. Et donc, langage, raison.

Matérialisme : le matérialisme est une doctrine partant de ce qui est afin d'arriver à être dans ce qui est. Il s'oppose à l'idéalisme qui se fonde sur ce qui devrait être.

Métaphysique : science de l'Être qui est la réalité fondamentale. On fait de la métaphysique à chaque fois que l'on s'efforce de comprendre ce qui fonde la réalité.

Mythe : récit symbolique figurant ce que peuvent être l'origine ou la fin de l'homme. Par extension, extrapolation.

Phénoménologie : science qui étudie la manifestation. Pour la phénoménologie l'Être n'est pas le contraire du devenir, car il se vit, il se manifeste. Donc, la phénoménologie réconcilie l'Être et le devenir en étudiant le vécu.

Philologie : étude scientifique des textes fondée sur la connaissance des auteurs, de la langue et de l'histoire.

Positivisme : mouvement de pensée en réaction contre la métaphysique, et qui aspire non plus à connaître les fins dernières de toutes choses, mais simplement décrire scientifiquement la réalité.

Raison : faculté d'établir des rapports justes entre les choses, les événements et avec autrui.

Rationalisme : attitude philosophique plaçant la Raison au fondement de toute philosophie.

Réalisme : fait d'affirmer l'existence de la réalité.

Rhétorique : art du discours et de la persuasion. Péjorativement chez Platon : art de la flatterie.

Scepticisme : doctrine consistant à pratiquer le doute et à suspendre son jugement afin d'éviter des jugements erronés.

Scolastique : vient d'un mot signifiant « école », terme qui a désigné l'École d'Aristote et celle de saint Thomas d'Aquin au Moyen Âge. Par extension, terme péjoratif qui désigne une façon abstraite et compliquée de faire de la philosophie.

Sophistes : (*voir* sophistique)

Sophistique : courant de pensée relativiste déléguant à la discussion et au langage le soin de déterminer les valeurs. Par extension, rapport artificiel au langage né de son abus.

Stoïcisme : autre grande sagesse antique à côté de l'épicurisme. Consiste à vivre en s'accordant avec le destin voulu par les dieux.

Théoria : pour les Anciens, contemplation. Pour les modernes, construction abstraite ayant valeur de modèle.

Un : harmonie que l'on trouve au sein de l'Être qui est par excellence le fait d'être « un » avec lui-même.

Vertu : l'autre des grands principes de la morale antique présent chez Platon et les stoïciens. Principe de sagesse, la vertu consiste à se soumettre à ce qui est raisonnable et à parvenir ainsi à s'accorder avec ce qui est.

Bibliographie

Pour commencer

BRUNSCHWIG (Jacques) et LLOYD (Geoffrey), *Le Savoir grec*, Flammarion, 1996.
Une somme. Pour tout savoir sur la Grèce.

HEGEL, *Histoire de la philosophie*, *La philosophie grecque*, Vrin, 1972.
Visionnaire. Comme toujours avec Hegel.

NIETZSCHE, *La Naissance de la philosophie à l'époque de la tragédie*, Gallimard, 1969.
Une analyse fulgurante des débuts de la pensée.

VERNANT (Jean-Pierre), *Mythe et pensée chez les Grecs*, Maspero, 1974.
Un livre passionnant qui fait date dans l'étude des débuts de la raison.

VERNANT (Jean-Pierre), *Les Origines de la pensée grecque*, PUF, 1981.
Pour tout comprendre sur les origines de la pensée en Grèce. Remarquablement clair.

Sur les présocratiques

BATTISTINI (Yves), *Trois Présocratiques*, Gallimard, 1968.
Une traduction très poétique de Parménide, d'Héraclite et d'Empédocle.

BRUN (Jean), *Les Présocratiques*, coll. « Que sais-je ? », PUF, 1982.
Une introduction simple et efficace.

DUMONT (Jean-Paul), *Les Présocratiques*, Bibliothèque de la Pléiade, Gallimard, 1988.
Un outil indispensable.

HEIDEGGER (Martin), *Introduction à la Métaphysique*, Gallimard, 1980.
Lire au chapitre IV l'analyse du *logos* chez Parménide et Héraclite.

Sur les grands moments de la pensée antique

Pour Platon :

CHAMBRY (Émile), *Œuvres de Platon*, Paris, Garnier-Flammarion, 1967.
Un classique.
À noter dans la même collection les nouvelles traductions de Monique Canto, Monique Dixaut et Luc Brisson.

Pour Aristote :

TRICOT (Joseph), *La Métaphysique*, Vrin, 1991. Un classique là aussi.

VOILQUIN (Jules), *Éthique à Nicomaque*, Paris, Garnier-Flammarion., 1965.

Pour le stoïcisme, l'épicurisme et le stoïcisme, on consultera avec profit les recueils de textes suivants :

BRUN (Jean), *Épicure et les Épicuriens*, PUF, 1971.

BRUN (Jean), *Les Stoïciens*, PUF, 1968.
Ces visites guidées à travers les œuvres des Anciens sont d'une aide précieuse.

DUMONT (Jean-Paul), *Les Sceptiques grecs*, PUF, 1966.

Critiques

Sur Platon :

ALAIN, *Idées*, Paris, 10-18, 1969.
Extrêmement stimulant.

ALEXANDRE (Michel), *Lecture de Platon*, Bordas, 1968.
Un exemple de lecture par un maître oublié.

BRUN (Jean), *Platon et l'Académie*, coll. « Que sais-je ? », PUF, 1980.
Simple et utile.

Sur Aristote :

BRUN (Jean), *Aristote et le lycée*, PUF, 1983.
Très utile pour commencer.

HAMELIN (Octave), *Le Système d'Aristote*, Vrin, 1972.
Exposé magistral même s'il est un peu systématique.

Sur la morale antique en général :

HADOT (Pierre), *Qu'est-ce que la philosophie antique ?*, Gallimard, 1995.
Mieux qu'un livre sur la sagesse. Un livre plein de sagesse.

Sur le scepticisme :

CONCHE (Marcel), *Pyrrhon ou l'apparence*, Éditions de Megare, 1973.
Tonique. Comme le scepticisme en général.

Sur l'épicurisme :

BOLLACK (Jean), *Épicure. La Pensée du plaisir*, Éditions de Minuit, 1975.
Le commentaire aigu d'un grand helléniste à qui on doit également un travail monumental sur Empédocle (Éditions de Minuit, 1970) ainsi que sur Héraclite (Éditions de Minuit, 1972).

BRUN (Jean), *L'Épicurisme*, coll. « Que sais-je ? », PUF, 1966.
Présentation brève et efficace.

SALEM (Jean), *Épicure et son école*, Vrin, 1993.
Un livre utile pour approfondir.

SERRES (Michel), *La Naissance de la physique dans le texte de Lucrèce*, Éditions de Minuit, 1977.
Pour comprendre l'actualité scientifique des épicuriens. Stimulant.

Sur le stoïcisme :

BRUN (Jean), *Le Stoïcisme*, coll. « Que sais-je ? », PUF, 1958.
L'essentiel en peu de pages.

DELEUZE (Gilles), *Logique du sens*, Éditions de Minuit, 1971.
Traite des stoïciens à propos du sens.
Lumineux.

GOLDSCHMIDT (Victor), *Le Système stoïcien et l'idée de temps*, Vrin, 1969.
Éclairant et passionnant.

Sur la fin de la pensée antique

Éditions des textes

BRÉHIER (Émile), *Les Ennéades*, Les Belles Lettres, 1976.
L'édition de référence.

DOMBART (B.) et KALB (A.), *Œuvres complètes de saint Augustin*, Desclée de Brouwer.
L'édition de référence.

ESLIN (Jean-Claude), *La Cité de Dieu*, Seuil, 1995. Un texte capital accessible en poche. Un travail à saluer.

HADOT (Pierre), *Traité 38*, Cerf, 1988.
Retraduction en cours de toutes les Ennéades de Plotin par l'un des meilleurs spécialistes du moment.

MATHIAS (Paul), *Du Beau*, Presses Pocket, coll. « Agora », 1991.
En livre de poche. Un très intéressant dossier à la fin sur Plotin.

TRABUCCO (J.), *Les Confessions*, Garnier-Flammarion, 1966.
En livre de poche.

Critiques

BRÉHIER (Émile), *La Philosophie de Plotin*, Vrin, 1982.
Un classique. Il n'y a pas mieux.

GILSON (Étienne), *Introduction à l'œuvre de saint Augustin*, Vrin, 1982.
Pour comprendre saint Augustin.

Index *Le numéro de renvoi correspond à la double page*

La Méditerranée berceau de la philosophie

Trois implantations géographiques pour trois inspirations philosophiques.
1 – La Nature en Asie Mineure
2 – Les mathématiques et les idées abstraites en Sicile
3 – Le langage et la politique à Athènes

Dans la collection *Les Dicos Essentiels Milan*

Dans la collection *Les Essentiels Milan*

Responsable éditorial
Bernard Garaude
Directeur de collection – Édition
Dominique Auzel
Secrétariat d'édition
Véronique Sucère, Anne Vila
Correction – révision
Jacques Devert
Iconographie
Sandrine Batlle
Anne-Sophie Hedan
Illustrations
Jean-Claude Pertuzé
Conception graphique– Couverture
Bruno Douin
Maquette
octavo
Fabrication
Isabelle Gaudon
Sandrine Sauber-Bigot
Flashage
Exegraph

Loi 49.956 du 16.07.1949

Aubin Imprimeur, 86240 Ligugé.
D.L. mars 1999. - Impr. P 57915